目　錄

各方推薦

小說界的李洛克　故事革命創辦人、《寫作革命》作者

初看書名《思考如何思考》我其實是有一點緊張的，很怕是那種充滿專業詞彙與理論、有點艱深生硬的書。

不過「作者群的話」提到成書過程中，大貍問了一個問題：「什麼是你人生中覺得要是早點知道就好的事？」

不管人生處在什麼階段，世界上肯定還有很多「如果現在知道也會更好」的事。看到這段話後，我瞬間安心了不少，準備好好享受作者群們精心且誠摯為我們準備的人生建議。

雖然這本書沒有一直往理論鑽研，也非常重視生活實用度，但我必須先提醒，這是一本要認真思考、實際寫作，才會有最大收穫的書。我自己在讀時也是讀一讀就會停下來思考許久，然後把心得記在紙上。

同時閱讀的過程中我也不停模擬，這本書如果給成人閱讀他們會有什麼想法？如果是給高中生、大學生閱讀他們會有什麼想法？

想到這一點，我心裡就很想再補充一件事，讓你在翻書之前先知道，那就是：「你可以質疑內容」。

你可以質疑的不只是書裡的內容，包含新聞的內容、名嘴說的話、網路文章的觀點，甚至老師與課本教會我們的事。你不需要立刻就完全相信接受到的資訊，你可以思考之後再判斷認不認同，尤其是那些帶有權威或公信力的資訊來源。

這個質疑是「疑惑」而不是「情緒」，是在你接收資訊經過思考後，真的提出不理解的地方來討論。

在許多人的成長過程中，質疑的權利都被剝奪了，當我們滿懷好奇心發問時，常常就被大人們視為「找碴」、「愛鬧」，然後會丟下「乖乖背就好」、「小孩子不要問這麼多」「長大後你就懂了」之類的話。

只是很多事長大後我們仍然不懂，而且也失去了質疑的本能。變成了別人怎麼說，我們怎麼信。

我也要解釋清楚，「質疑內容」在本書是有提到的，是在最後一章裡提到的「問題意識」。會選擇放在書末，我猜想，可能是希望讀者讀完之後，可以再用「問題意識」重讀一次吧？

而且各章節後面設定的問題，也不乏請你思考是否認同本文的觀點，這些都是引導質疑思考的設計。

只是對於不喜歡回頭讀的讀者來說，我覺得本書精選的文本如果在一邊閱讀時可以一邊質疑「這是正確的嗎？」就像是把一條直線道路凹成曲折的迷宮來走，雖

然更燒腦了，但趣味度也會上升。

我可以舉幾個簡單的例子，例如：

‧〈開放力〉的章節，雖然在主講開放思考的好處，但我們也可以去想，在什麼時候反而是使用「專注模式」更好呢？

‧在〈無限遊戲〉的章節你可以思考，如果今天你是一個管理者，有沒有情況是帶入一點「有限遊戲」反而更方便你領導組織提升呢？

‧在〈好鴕鳥，壞鴕鳥〉中提到，可以把壞的鴕鳥心態變成健康的鴕鳥心態。那在〈冒牌者症候群〉中，除了嘗試克服冒牌者症候群這個選項，有沒有可能透過引導，轉化成健康的冒牌者症心態呢？

‧在「慢的策略」提到了「慢博奕」，說明後進者的優勢。但世界上也有許多「快者大勝全拿」的結果，要快要慢到底該怎麼判斷呢？

‧在〈好鴕鳥，壞鴕鳥〉中提到，面對鴕鳥心態者可以不破除真相、不打擊固有觀念，只要引導正確的選項就好。這種「重結果，輕過程」的方法在哪些情況是不能被使用的呢？

事實上我讀每一本書、看每一篇文章都會這樣思考。作者拋給我們的觀點就像一顆種子，我們自己還必須澆水耕種才會開花結果。

這些問題很有可能你想了半天，只會得出一個「沒有一定，要看情況」的答案。但這個結論仍然是有意義的，因為你曾經模擬各種情況，挑戰各個觀點適用的邊界在哪裡？這些就會變成你的資料庫，幫助你下一次遇到真實人生的難關時，能快速調動模擬資料應對。

極盡思考後得到的「不一定，看情況」，跟未經思考推託的「不一定，看情況」，兩者分量完全不同。遭遇任何突發情況都能快速應對的人，必然是預先經過深層思考的人。

書中分享給我們的十二件事，只是帶我們到達十二個新地方，而你在那些地方還要自己摸一摸、看一看、走一走，它們才會跟你的經歷產生連結，形成你自己的觀念。

這本書不是一本給你答案的書，而是提醒你人生還有其他的選項，除了專注還有開放、除了有限遊戲還有無限遊戲、除了快也可以慢，這是一本給你可能性的書。至於在你身上能不能適用，或者如何調整才能適用，全都要看你能花多久時間琢磨這些內容了。

祝福你能好好享受這本作者們用心編排的書，配合自己的情況想出與眾不同的人生解答。

最後，我也希望你可以也多想一個問題，還有什麼事是你覺得要是早點知道就好了？

我相信答案越多，我們就能思考得越多，幫助我們把人生過得更好。

Miss胡咪　　書粉聯盟‧學習思考門派掌門人

朋友即將步入法院，進行人生初次出庭。

開庭前一日，律師特別與朋友進行一場模擬對話，以求開庭日順利。

由律師扮演的審判長提出第一問，朋友隨即疑惑反問：

「審判長，我想確認一下這個問題具體是在問○○○嗎？」

律師扮演的審判長瞪大眼道：「你現在是在反問法官問題嗎？」

「可是這個問題並不清楚，我不知道要怎麼提出相對應的回答。」朋友委屈地回道。

律師腦袋一仰翻個大白眼吼著：「你現在是在嗆法官就對了！」

「不要問了，開庭時間寶貴，誰有空跟你一問一答，還管你有懂沒懂，我現在說一句，你照著唸一句，明天這樣說就對了！」模擬對話最後如此作結。

我對友人這場模擬對話印象深刻，初聽是因為律師演技精湛而笑，後來我們討論精準提問的重要，最終反省這場對話內容中的角色——律師（審判長）與當事人，若代換為老師與學生、父母與小孩、上司與下屬，那種「不容質疑，照作省時又保險」的情境，似乎也頗為平常。

即便知道這種「餵養」經常是荒謬，長久則危險，但它簡單粗暴，確實方便，以至於在收到《思考如何思考》時，也不免莞爾的想：「思考已經很累了，還要思考如何思考，豈不折騰人？」

然而，出乎意料的，這本書卻十分「好讀」。你只需要一小段不被打擾的短暫時光，帶著紙筆，翻開一個單元，沿著當中的地圖，即可獲取專屬於個人思考後的寶藏。

單元中的「說明、定錨」勾勒學習框架同時激發相應思考，更易於建立個人學習目標，會帶給你學習的積極渴望。

「文本」選錄皆為思考型文章，以通達易懂的敘述方式，讓專業知識吸收更加容易，即使出現專有名詞，也會隨文附上解釋，達到深造的可能。

閱讀後書寫「問題思考」，透過設題的層層爬梳，確認讀後的訊息掌握程度，同時獲取化用於日常的思維。

最終在「起錨、行動指南」處，常讓我停留許久。回顧初始定錨的想法，至此通常已經歷翻天覆地的改變，需要的，是放下過去的慣性思考，才得以產生全新的行動。

最後，必須特別叮嚀，想要獲得這份「思維新迴路」的禮物，需要「擴張」與「清空」。「擴張」代表全面性的驅力，讓你積極學習；「清空」代表倒淨過去的思維定勢或理所當然，以獲取裝進新可能的機會。

同時，不要跳過書中任何一個練習課題，一面爬梳，一面思索；一面思索，一面質疑；質疑專業權威，叩問各種可能；避免這些文章或是專業權威，在你生命的任何時刻，又一次悄無聲息的形成「照作省時又保險」的餵養，然後你會在一次又一次過程中，催生出回不去的，思維的蛻變與昇華。

南瓜妹　中華民國遊戲教育協會主任講師

當思考的島嶼浮現，萌新島友跟著島主走

我喜歡文字鋪陳的旅行，一本書就是一座島嶼。

看到書名《思考如何思考》，搭配上封面的大腦格狀圖，直覺告訴我，這是一座深奧的哲學島，要炸裂我大腦神經的極限，必須正襟危坐仔細推敲，對抗腦袋腫脹症狀的侵襲。

於是我背起氧氣筒，深吸一口氣向下鑽，亮燈處的目錄寫著：遊戲、鴕鳥、第六種感知、愛的方式這幾個關鍵字。

很好！是我看得懂的字句，沒有天寒地凍的抽象玄學，是釋放舒爽熱力的行動派語言，便放心浮出水面，換氣後展開探險旅程。

造訪的第一個島上有兩隻鳥：「好鴕鳥與壞鴕鳥」，壞鴕鳥逃避現實讓人嘆氣，把牠從泥土中挖出來又很費力傷感情，尤其這鴕鳥不是路人和鄰居，是天天要面對面的家人，霹靂火劇情一觸即發，面對不同立場、喜好和習慣的親人，單兵如何面對？

書中提示我們，面對鴕鳥心態的包夾，不用扛著真理大旗去打擊對方固有的觀念，只需召喚「好鴕鳥」登場。

好鴕鳥看重結果不強求過程，譬如，我期待的結果是導向增進感情、促進健康，當我遇到愛吃重口味豆腐乳的父母，不去指責和辯論食物營養成分，撒個嬌邀請兩老一起來盤新鮮蔬菜即可。

遇到肚子膨脹又不愛運動的伴侶，不需面紅耳赤的指責他愛吃自作自受，穿起球鞋邀請他去河濱散步才是王道。

家庭不是辯論會場而是學習愛的基地，透過作者群提出的論點和行動指南，練習用充滿智慧和溫度的角度來讓日常生活更愉快。

除了「鴕鳥島」，這本書還有十一個島嶼等待我們起錨去開墾：有從有限到無限的「遊戲島」，從我應該到我能夠的「開放島」，和他人產生情緒共鳴的「愛之島」，真切認識自己的「對比島」，有效管理時間的「限制島」，還有放下競逐鬥爭的「慢活島」。

每一座島嶼都有好幾位島主擔任嚮導，他們在2020年全球疫情發燒的時刻，燃燒彼此的大腦迴路，透過一次又一次的讀書會淬煉出這本思考引導地圖。

　　不同於過往作者一鏡到底、一筆畫到盡頭的書籍，本書的每個單元都以讀者為中心，以升級您的大腦版本為目標。

　　書中先透過「單元說明」點出挑戰目標，在「自我定錨」用快狠準的自由書寫讓想法變得立體，緊接著閱讀文本故事汲取新知。

　　後半場則拋出開放提問，回扣生活經驗、邀請你我寫下行動指南，讓閱讀從收納名詞，轉換成可落實在日常的動詞。

　　尾聲，預留了延伸學習空間，羅列出相關的書籍、影片、網路文章，讓思考不以此書為疆界，文章的終點是你我思考的起點。

　　《思考如何思考》它不生硬很好入口，它輕薄讀下去有三倍的知識厚度，此時，通往十二個島嶼的機場已開，等著你買票拎包，我們島上見！

易理玉　　國立臺灣師範大學國文系講師

　　當哈佛大學麥克‧桑德爾（Michael J. Sandel）以《正義：一場思辨之旅》席捲全世界，臺灣敏銳地隨之開始正視思辨教育，各類史學、文學、哲學、社會學、心理學的思辨蜂湧而出。然後，你理解到「思辨」在教育現場的重要性，但卻茫然於不知該如何教導學生思辨才好；接著，你努力參加研習，別出心裁、智高一等地設計出極棒的思辨課程，卻頹然嗒然，遺憾於課程設計始終欠缺循序漸進的脈絡，老是欠缺一以貫之的系統……是的，我正是一路這麼顛巍巍走過來的啊！於是，當海狸推出這本《思考如何思考》的新作，所有痛苦一一瞬間轉變為痛快！

　　翻開這本書，你開始隨著文字與表格，調整人生競技場中「有限遊戲」與「無線遊戲」的得失角度；讀著讀著，你這才知道原來面對所有讚譽時，你的不安、你的自我懷疑，原來是「冒牌者症候群」作祟；甚至，你開始重啟新觀念，就算當一隻「鴕鳥」，也可以直面自己內在的畏縮與逃避……。

　　十七世紀法國哲學家帕斯卡（Blaise Pasca）曾說：「人是會思考的蘆葦。」在自然界中，人果然脆弱一如蘆葦，但我們的價值與尊嚴則建立在思想上，因為思考，因為學會思考如何思考，我們這才得以穿越時空，擁有整個宇宙。

　　當特色課程與選修課程鑼鼓喧闐的開鑼，你還在困惑什麼是有效的教學策略嗎？何妨就在你的課堂試試吧，這套有系統有脈絡又接地氣的思考書，是思辨教育的另一波啟蒙，透過清楚的路徑，協助你我，也協助每一位師生，用理性為生命提燈、點光！

陳之雅　奇德王國創辦人

猶記大學時上過一門哲學課，當時教授在講柏拉圖的《饗宴篇》，台上的人講得口沫橫飛，印象卻矇矇懂懂，殘缺的印象中徒留「這就是一場智慧的饗宴！」這句話。然而腦海中卻也只能浮現一群人在戶外把酒言歡的場面，一大群人到底實際怎麼樣進行智慧的激盪還是沒能感受到，直到我看到了《思考如何思考》這本書。

《思考如何思考》是一本很特別的實作工具書，每個章節都會探討跟生活息息相關的主題，像是「如何面對拖延症？」、「用跟他人比較的方式認識自己是好的方式嗎？」、「冒牌者症候群的成因是什麼」。文中的描述的狀況，常常讓人有：「對，我也是這樣的人！」接著書中就會用淺顯易懂的方式讓你理解會什麼會有這樣的現象產生，並且透過不同的思考方式，思考自身可以如何回應這些狀況。

這本書每個章節前面都有很清晰的說明和目標，讓人可以聚焦在主題上，接著自由書寫自己的情況來定錨現狀迅速進入情境中。在文本閱讀裡，可以感受到對於目標和自身剛剛想問疑問的回覆。再透過不同方式的問題思考，一邊理解文本，一邊透過文本給予的內容進行延伸的思考，再回頭看自己一開始的定錨點，是否有哪些地方感覺不太一樣了。最後也很貼心的附上行動指南和延伸閱讀，透過實踐讓思考的內容落實在生活中。

這本書不厚，但我喜歡每天看一章的速度。因為在看的時候，彷彿可以想像一個實體的工作坊，大家七嘴八舌的討論自己的定錨狀況，對於文章內容發表不同的想法，在不同的引導問題中爬梳自己的過往思路，也因著夥伴不同意見而激盪出新的火花。明明只有白紙黑字，但每個章節活潑喧鬧的討論與交流躍然紙上，需要花時間細細品嚐，一場場思維的饗宴。

綠豆粉圓爸・趙介亭　可能育學創辦人、可能非學校計畫主持人

第一次聽聞「翻滾海狸工作室」，是在2016年的一場教育博覽會當中，當年我們也有參展，而綠豆和粉圓則在輪值之外的時間，逛遍了各個攤位之後，回來和我分享「翻滾海狸」讓他們印象深刻，我還好奇的問綠豆粉圓：「翻滾海狸是和體育相關？還是和自然相關的教育單位呢？」

真正認識「翻滾海狸工作室」，則是在2019年的群島大會，這是一場在中國舉辦的教育創新大會，同為台灣教育工作者的我，有機會親眼見到大狸老師的魅力，無論是帶領的活動、對話的廣度、思辨的深度，都令我嘆為觀止，也有點懊悔三年前怎麼就這麼錯過了。

於是回到台灣後，我邀請大貍老師前來帶領可能非學校的語文課程，雖然名為語文課程，但是我覺得更是一堂「思考課」，透過不同的文本，大貍老師帶著不同年齡層的班群，一步步解構再建構孩子的思維模式，身為導師的我，也超愛參與大貍老師的課程呢！

　　由翻滾海貍工作室撰寫的《思考如何思考》這本書，我覺得超越了過去對於「書」的認知，它不只是一本可以閱讀的書，更是可以跟著思考、啟發、行動的指南，書中的十二個章節，就像是十二位導師，引領著我們認識自己、認知世界、改變心態、培養習慣……，推薦給喜歡思考的每一個大人和小孩，也很鼓勵親子可以透過這本書進行優質且深入的對話喔！

作者群的話

楊大輝　　4THINK部落格創辦人、《深度學習的技術》作者

　　在我看來，思考的真實含義就是「看事情的角度」。所以大家的思考不同，本質上就是因為每個人所選擇的視角不同罷了。那麼，是什麼決定了我們選擇特定的視角呢？是過往的經歷。你過往的經歷，決定了你會採用什麼視角，有多少種視角。但每個人的經歷都是有限的，所以視角也是有限的，因此我們總有一些問題想不通，需要靠別人的視角來協助，以突破盲點。如果沒有他人的視角，思考就會顯得膚淺。加入了他人的視角，思考才能全面。正如電影一樣，每個鏡頭都給故事提供一個視角，多個鏡頭就成了一個完整的故事。很有幸被海貍們邀請參與這本書的製作，這本書是我們一起用思考交織而成的「故事」——而這個故事的主角，是你。在接下來的閱讀過程裡，你會發現這本書有許多的留白處，這些空白的地方，正等待著你將自身的視角填寫進去，當留白的地方被你填滿了，這本書的故事才算真正結束。在此之後，我深信，我們的世界都會變得更加開闊、豐富。

張翼鵬

　　成書過程的某次讀書會，進場時分，大貍問了一個問題：「什麼是你人生中覺得要是早知道就好的事？」霎時間，腦中出現了一連串目錄。早知道轉換觀點也能玩屬於自己的無限遊戲該多好，早知道冒牌症候群也能自救有多好，早知道拖延症也能有效應對有多好……，最重要的是，要是早知道能「思考如何思考」，那麼我的人生會不會早點脫離總是懷疑自己思考不周，總是焦慮該「思考什麼」的困境？……這麼一想又覺得，人生其實沒有什麼早不早知道的悔恨，懂得「思考如何思考」，那一刻，你我就都是「知道」的人了。

王于瑄

　　編製《思考如何思考》的過程中，與夥伴們一起閱讀、一起修磨、一起看見思考的形狀，因著這本書，讓我參與了一場思考饗宴，現在將這本書獻給願意閱讀本書的您，希冀您也能從中看見自己思考的形狀，思考如何思考。

由　路

　　人以何思考？如何思考？隨著近幾年腦科學的研究越形精細，漸漸答案也越加清楚。然有了深入研究，尚缺少淺出的引導……「我們如何讓思考得以思考呢？」很高興長期致力在思維教育的大貍，召集了這群夥伴朝此期待前行，每週在文本裡琢磨，盼透過設計問答，讓讀者在閱讀歷程中經驗自己的思維路徑。我身為本書其中的一個腦迴，很開心地邀請你，一起來增加大腦美麗的紋路！

林慧慈

喜歡每週二和夥伴們一起製造養分，思考如何落實和推廣學習的討論時光，點滴灌溉大腦的田園。謝謝楊大輝先生的文章，透過它，在設計提問脈絡的過程中我能進一步學習「思考」的內涵，又能退一步「後設思考」我的現實生活。知道原本不知道、沒想過的思考角度，生活的邊界或許就更有開展的可能！祝福每一位讀者都能從書中盛開大腦思考的花葉。

花 狸

大狸一向對「大腦小常識」非常著迷，也聽過他如何熱衷於鍛鍊自己的大腦、希望自己的大腦能夠長出美好的皺褶，聽久了讓我也不禁心生嚮往，為我長久以來不顧我大腦的需求、不在乎它會長成什麼形狀而感到慚愧。這次有機會與大狸一起共筆完成本書的一小部分，除了希望能藉機窺見大狸的思考模式，更進一步，也希望我的大腦也能擁有一條美麗的皺褶。

柚 子

有沒有一本書，在閱讀過後，如喝一杯提振精神的飲品，讓思考快速迭代呢？

有的，就是你眼下這本「思考如何思考」！

在思考侷限裡，他是一位開展你多維思考的核心教練；

在思考拮据裡，他是一面搭建你多元思維的核心網絡；

在思考闇幽裡，他是一道碰撞你思考情緒的核心共振；

在思考探究裡，他是一聚激發你生活觸角的核心質量；

在思考宇航裡，他是一位陪伴你收展思維的提問導師；

邀請你走一趟思考的呼吸冥想，感受思路的高低起伏，走在自己的節奏裡，你，可以很有思考！

陳美淋

關於思考這件事情，很多時候在未察覺或意識到時，就呼嚕嚕的過去了，複製、遵從，或許更是生活中的常態。然而，若是對自己的生活、廣大的世界，沒有一些自己的想法或見解，大腦未免有些可憐，人生未免有些無趣。因此，這本書設計了一些幫助思考的問題，讓讀者在閱讀文章之餘，也能去經驗思考的歷程，看看自己美麗的腦迴樣子！

陳慧玟

什麼是思考呢？我們常常以為自己在「思考」，但往往只是在「想」。而我們共筆的《思考如何思考》，就是希望和讀者一起刻意思考「如何思考」，連接思考的廣度、密度與強度，追求知識的深度，穿透事物的表象，有更深刻的思考，是學習的關鍵所在。

「比追求夢想更美的，是有人和你一起分享這個夢。」海狸一直致力在思維教育的耕耘，這個教育範疇是過往較不被熟悉，也是較少吸引大眾目光的，但隨著教育範式的演進，日漸獲得重視。海狸從實體課程、編寫國高中教材起家，走到今天，在線上狸想教育創新學院茁壯，募資出書、成立社群平台共學、做熱愛的事來使自己成長，感恩有一群人分享著狸們的夢！

最後，衷心感謝願意停下來閱讀這本書，思考如何思考的你！

啾 啾

從沒想過自己可以參與編製書籍的歷程，在作者群中看到自己的名字，實在太感人了！決定叫親朋好友都買一本！！！在與夥伴共同完成《思考如何思考》一書的過程，真實感受到彼此腦力激盪、思考碰撞的歷程！我個人非常喜歡裡面的篇章與提問，是提供改變生活的各種思考，感覺思想被打開、被反轉，是很過癮的一件事！！！

詹筌亦

喜歡一個人獨自思考，更喜歡一群人一起思考。

新冠肺炎肆虐的2020春季，我們每週二晚上八點在線上一起思考，共同研讀文本，與此同時，將「思考」本身視為需要被思考的對象，以可視化的方式呈現「思考的理路」，更進一步指出下一步行動的方向，希望思而後能行，透過學習、思考、行動、內化，從 To do到 To be，讓我們能更好地成為自己。

共創這本書的過程，本身正是一趟學習、思考、行動、內化的「To be」實踐旅程——在以青色組織為基底的共學氛圍中，透過敏捷（Scrum）工作流反覆迭代產品原型，從內容理路到外在形式，都是合弄制決策共創的成果。

很喜歡和夥伴們一起思考的這段時光，為2020春季留下疫情之外，豐碩美好的風景。

閱讀指引

　　本書每回均有「單元說明」、「自我定錨」、「文本閱讀」、「問題思考」、「回顧起錨」、「行動指南」、「延伸閱讀」七個區塊，帶領讀者懷有問題意識進入文本，完整且細膩地開展思考理路，並得以觀察自身思考前後的質性變化。

單元說明

概述單元要點、學習目標、關鍵字索引，勾勒學習框架，立刻判別本單元內容是否符合自身需求。

自我定錨

以提問激發相應思考，調度個人相關學習經驗，並附有「自由書寫」區將自身的思路可視化，作為閱讀前的紀錄。

文本閱讀

選錄以思考為主題的文章，每篇字數在1500～2000字之間，並以TIP形式解釋專有名詞，讓讀者可以在五分鐘內輕鬆閱讀主文，並獲取相關的專業知識。

問題思考

依據文本，用符合大腦學習的解構方式線性設題，從表層訊息層層爬梳到深層意涵，力求發揮每一篇的文本最大值。

回顧起錨

每回均附有一題總覽式提問，讓讀者根據本回所學，形塑思考理路。作為閱讀後的參照，讓讀者後設觀察整個學習歷程，對自身思考的變化更為有感。

行動指南

將文中提及的思考重點，轉換為生活中具體可行的行動策略，有效地讓閱讀促發思考，讓思考改變生活。

延伸閱讀

對於本單元的討論感到意猶未盡？還想了解更多相關主題的閱讀材料？每單元最末附上延伸的資料庫，一次把相關知能的補充篇章提供給你。

單元說明

文本閱讀

回顧起錨

延伸閱讀

自我定錨

問題思考

行動指南

書末還附上「思考的形狀」，讓你一窺其他人在閱讀這一本書時的思考理路！

第01章

一種開創未來的能力

開放力

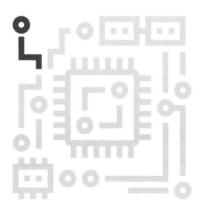

一種開創未來的能力

 單元說明

　　你常常覺得自己的人生別無選擇嗎？急欲尋求改變，但看不見更多的選項嗎？不斷地思忖解決的方法，結果陷入更多的自責嗎？命運，是可以改變的，但靠的不是求神問卜、也不是專注學習，那到底我們能依憑的是什麼呢？

　　本篇文章透過兩種大腦思考模式的介紹，使我們了解過往的經驗如何造成既定的思考模式，同時也提供有效的方式，讓我們能提升自己的「開放力」，進而開創更好的未來。

本回目標

1.了解大腦的思考模式。
2.能知道如何驅動「開放力」。
3.能有意識地在生活中切換思考模式。

關鍵字

管窺效應（Tunnel effect）、
專注模式（Focused mode）、
發散模式（Diffused mode）、
思維定勢（Thinking set）

自我定錨

1. 生活往往是一個接一個的難題挑戰，仔細回想，當你遇到問題的時候，腦中最常閃過以下哪些問句？

    (A)為什麼會發生這樣的事？

    (B)為什麼會發生在我身上？

    (C)我應該做什麼？

    (D)我願意做什麼？

    (E)我能做什麼？

2. 承上題，這五個問句中，你認為哪一個最能給自己帶來改變的可能？為什麼？

3. 承上題，哪一個問句對你來說最無濟於事？為什麼？

4. 除了這五個問句，你還會有哪些解決問題的思考呢？

5. 你會為了給自己多一點選擇而做出努力嗎？可否舉出具體的例子來說明？

自由書寫

開放力

在現代，專注力的重要性是眾所周知的，說是這個時代裡最重要的能力之一也不為過。這是由於大家手上要處理的事情變得更多、更難、更複雜了，因此，我們總是希望自己能進入全神貫注的狀態，這樣才能發揮最大的力量，把手上的事情搞定。

在這個時代，還有另一項能力也正在變得越來越重要，有時候甚至比專注力更重要，但這項能力卻還未受到足夠的重視，那就是──「開放力」。

如果專注力是讓思緒都集中在一個點上，那麼開放力就是後退一步，讓自己看到許多不同的點，把不同的點納入思緒。如果專注力是讓自己把注意力集中在一個框架內，那麼開放力就是讓自己從眼前的框架跳脫出來，看見其他不同的框架。如果專注力是透過封閉自身的視野以避免打擾，以求全心投入一件事情，那麼開放力就是透過打開視野以接納不同的資訊，為求把更廣闊的資訊納為己用，以增強決策的輸入和輸出，甚至達到創新。

乍看之下，專注力和開放力似乎是兩種互相矛盾的能力，畢竟人無法既看一個點，又同時看到多個不同的點。但其實兩者的關係並不矛盾。看了下面的例子你就能明白。

當一個醫生在給病人看病的時候，首先，他會聽聽病人描述自己哪裡不舒服。如果病人說自己咳嗽，那麼醫生會用聽診器聆聽病人的呼吸。如果病人說自己喉嚨痛，那麼醫生會要求病人張開嘴，然後看看喉嚨裡面有沒有發炎的症狀。

但是，如果病人說自己的咳嗽很嚴重，而醫生卻沒有發現呼吸和肺部不正常，那麼醫生就會轉而查看病人身體的其他部分有沒有異樣，並思索咳嗽的成因是否還有什麼其他的可能。

從神經科學的角度來說，剛剛這位醫生的大腦其實經歷了兩種思維模式的切換，第一種稱作「專注模式」（Focused mode），另一種則是「發散模式」（Diffused mode）。

「專注模式」，一般又稱專注思考，你可以將之理解為專注的、集中在一個點的思維狀態，這種模式會激發大腦某個區域的神經元，讓你的思緒聚焦在一個點上。「發散模式」則是一種跳躍的思維狀態，發散模式會激發較廣的、多個不同區域的大腦神經元，讓你的思緒天馬行空，更具有創造力。

「專注模式」對應的是「專注力」，而「發散模式」對應的是「開放力」。在第一個情況裡，醫生是專注地執行著診斷的程序，而在後面的情況，醫生從眼前的框架跳出來，進入了一個相對開放的狀態，他的思緒來回地在多個不同的可能性之間權衡、跳躍。

在這個例子裡我們可以看到，在選擇了一個方案之後，我們通常就會專心地去完成它，而不會去考慮其他可能更好的方案，這是專注帶來的一種管窺效應（Tunnel effect）。

唯有當我們從專注模式跳脫出來，進入發散模式，我們才能夠得到相對開放的視野，才能看到是否有其他更好的方案。

因此，我們每個人除了專注力之外，也都需要擁有開放力，關於發散模式的研究表明擁有這種開闊思維的能力，能激發你的創意，幫助你打破思維定勢（Thinking set），讓你用一個新的角度去思考、理解問題。這也意味著，一個人在做一般選擇或者做重要決策時，最好的狀態不是專注模式，而是在做各種像洗澡、散步、發呆、睡覺之類的輕鬆活動時，發散模式才能讓你想出更

管窺效應（Tunnel effect）
　　又稱隧道視野，意指當人聚焦在隧道前方的事物，會因而看不見隧道之外的事物。

多的選項、更多的可能性。但是，發散模式不等同於開放力，因為發散模式不過是組成開放力的其中一個要素而已。

簡單地轉換思維模式就能夠讓思緒納入更多的點，看見更多可能的選項，世界上每一個人都能夠使用這種思維模式，但我們知道，縱使每個人都能進入發散模式，都能以開闊的視野看待選項，但並不是每個人都有意願這麼做。

影響開放力的因素是我們的動機。我們都不想把專注力放在無聊的、沒有回報的事情上，如果你強迫自己重複地完成一個非常無聊的工作，那麼你將難持續地保持專注力。相反，如果讓你去做一個回報很豐厚的事情，無論這種回報是內在的或外在的，你都能夠很輕鬆地長時間維持專注力。

同理，如果動機不足，那麼開放力就無法持續，或者做起來非常費力。也就是說，動機不足，你就不會主動地為自己的當下增添選項。這說明了我們過去的經驗雖然是寶貴的，但有時候它反而會成為阻礙我們的限制。

獲得新的經驗意味著，我們明白什麼是可行的、什麼是不可行的，而每一個人都會選擇保留那些可行的路徑，並刪除一個或多個其他路徑。每一個新的經驗都會讓我們更依賴已有的選項，同時逐漸減少自己的選項。而通常是等到所有選項都沒有了，我們才會猛然發現，自己明明沒有集中注意力，但能看到的視野卻已經變得非常狹隘了。

思維定勢（Thinking set）

又稱「慣性思維」，指的是人們在解決問題的時候，會依照過往的經驗、固定的思路去考量，久而久之，就會形成特定的思維模式，使人們慣於以單一角度去思考事物。

思維定勢利於縮短思考的時間，因為用舊經驗類推新問題，可以讓我們在解決問題時，省去摸索的過程；但同時它也不利於創造、創新，因為特定的思路會讓人更容易步入思考的誤區。

結果就是，我們既沒有專注的投入，也沒有開放的想像，在日常中，大多數選擇都只是依循原有的習慣。既有的人生經驗，讓我們自以為了解人生接下來的路大概會怎樣走，而這樣的一種「自以為是」，時時刻刻都在限制我們對人生的開放力。

　　其實在我們的生命中，能改變命運的機會是很少的，而如果你能為自己增添一些開放力，就能為自己創造多一些選項。當你在面對問題的時候，試著不要問自己「我應該做什麼？」也不要問「我願意做什麼？」而要問「我能做什麼？」那麼，也許能更快迎來改變命運的契機！

自由書寫

 問題思考

1. 閱讀全文，判斷下列對於「開放力」、「專注力」的敘述何者有誤？
   (A) 專注力是只關注一個點，而開放力是看到更多的點。
   (B) 專注力就是集中的思維狀態，開放力則是一種跳躍的思維狀態。
   (C) 一般情況下，專注模式指的就是專注思考，發散模式即等同於開放思考。
   (D) 專注力是透過封閉自己的視野，以求全心投入某事，以增強工作的輸入和輸出；開放力就是透過打開視野以接納不同的資訊，以求把更廣闊的資訊納為己用，以增強決策的輸入和輸出，甚至達到創新。

2. 想一想，如果開放思考的好處這麼多，那麼是什麼阻礙了我們開放的思考？請條列之。

3. 為什麼作者會說「在我們的生命中，能改變命運的機會是很少的」？試簡述你的理解。

4.依據作者敘述，你認為我們要如何增加我們的「開放力」？試
　闡述你的想法與做法。

 回顧起錨

　　回顧定錨問題，想一想，面對難題時心中所湧現的想法，反
應著自己什麼樣的思維定勢？這有否明確地解決問題？又或者只
是讓問題一而再再而三地發生？你為了增加自己的選項所做的努
力，是否跳脫自己的思維定勢呢？

 行動指南

1.條列自己既有的思維定勢。
2.擇定一個想要刻意練習的項目，並書寫下來。
3.觀察自己在哪些行為下能夠更好地進入「發散模式」。
4.懷抱著問題意識，運用開放力去思考「我能做什麼」。
5.每週檢核面對問題時的選項有沒有增加、能否有效解決問題，
　並反覆操作。

 **延伸閱讀**

書籍

 《大腦喜歡這樣學》

芭芭拉・歐克莉

本書以腦神經科學的知識為基礎，分析學習困難的原因，並提供學習策略。其中第二章提及大腦運作主要有專注與發散兩種模式，善用這兩者交錯練習，才能學得好。

 《深度學習的技術》

楊大輝

本書從「記」(獲得記憶力)、「懂」(理解力最大化)、「網」(編織知識之網)、「拓」(全面拓展)、「活」(生活中學習)，將學習由淺到深，分為五個層次來談，作者並提及學習若達到「拓」的層次，進行縱向與橫向的全面拓展後，便是有深度的學習，也才能真正產生有深度、有價值的知識。

 《快思慢想》

丹尼爾，康納曼

本書藉由細細剖析大腦運作的兩套系統：「快思」（直覺式思考）和「慢想」（邏輯式思考），披露「直覺偏見」和「邏輯捷徑」如何在不自覺中決定了我們的生活與社會樣貌。不僅讓我們對大腦的複雜恍然大悟，也協助我們更有意識地運用這兩套系統，在商場、職場和個人生活中做出絕佳選擇。

第02章

一種遊戲人生的積極角度

無限遊戲

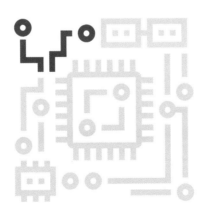

一種遊戲人生的積極角度

單元說明

你曾有過玩遊戲的經驗嗎？是否曾「為了勝利而遊戲」，在遊戲裡拚搏，追求寶物、積累勳章、衝刺排行？又是否曾在遊戲得獎、破關、掄魁後，反而感到一陣虛空，寧可回到「為了遊戲而遊戲」的純然快樂？

如果用玩遊戲的觀點來看人的一生，人的一生該怎麼過？研究他人眼中的成敗標準，力求在人生中贏得成績、贏得獎項、贏得頭銜，成為他人眼中的「人生勝利組」？或者在對上述的任何一點感到疑惑時，回到身而為人真正的渴求，嘗試跳脫規則、打破框架，成為自己「生命的贏家」？

本文透過兩種遊戲模式的介紹，使我們重新了解看待人生的兩種世界觀，進而懂得轉換觀點，悠遊在他人制定的「有限遊戲」與自己打造的「無限遊戲」中，開創屬於自己的積極人生。

本回目標

1.了解「有限遊戲」與「無限遊戲」的區別。
2.學會以兩種不同遊戲模式的觀點看待世界。
3.能夠有意識地在生活中切換兩種遊戲觀點。

關鍵字

有限遊戲（Finite games）、
無限遊戲（Infinite games）

自我定錨

1.請回想一款你玩過的遊戲，大略說明一下這款遊戲的玩法。

2.承上題，這款遊戲有哪些地方吸引你？

3.承上題，這款遊戲有哪些地方還不能滿足你？

4.承上題，你觀察到自己是怎樣的玩家？

5.綜合以上，如果人生也是一場遊戲，你覺得自己看待人生的方式與看待遊戲的方式有沒有相似的地方？請舉出具體事例說明。

自由書寫

無限遊戲

人生在世怎能不玩遊戲？問題是，要玩哪一種遊戲呢？詹姆斯・卡斯（James P. Carse）在《有限與無限的遊戲：一個哲學家眼中的競技世界》說，人生有兩種遊戲：「有限遊戲」、「無限遊戲」，端看你怎麼玩它。

一般人最好理解的是「有限遊戲」，像足球、賽跑、下棋和考試。它們有著明顯的邊界，有明確的開始和結束時間，有失敗和獲勝規則，有觀眾、裁判和玩家。

我們比較熟悉有限遊戲，是因為大多數人都是有限遊戲的玩家：把學業看成考試、把事業看成攀爬階梯、把成長看作成就、把目標看成某個數目的收入、把結婚看成愛情的階段性目標。

這些目標的共同點，就是有一個明顯的獲勝條件或者終點，甚至有一套大家都認同的標準、規則和社會共識。有限遊戲是簡潔的、具體的生活方式，它總是能給人一種清晰的方向感，讓人知道自己該做何行動，這一點非常吸引人。

面對有限遊戲，一個人要做的是清楚並遵守遊戲規則，識別出遊戲的模式，然後刻苦地練習，如此一來就能在遊戲裡表現優異。若再加上天賦和運氣加成，還能輾壓絕大多數對手，到達更遠的終點，獲得更大成就、頭銜和勝利——這些都是社會上人人盼望的獎勵。

但與此同時，它卻也總在結束後帶給人們一絲茫然、疑惑，因為在完成目標後，在短暫的滿足感之後，難免會覺得有些空虛。長年累月下來，茫然和疑惑的感覺會疊加成為困惑，會讓人在遊戲結束之後開始想：接下來的下一步是什麼呢？是繼續重複之前的遊戲，還是尋找下一個有限遊戲呢？如果是的話，那麼下

一次的遊戲結束之後又該怎麼辦呢？

　　有時候，這種生活上的困惑，會轉而成為人生的困惑。如果我做的每一件事情都有目標，那麼，我生而為人的目標又是什麼呢？人生的意義就是要完成一個又一個的目標嗎？

　　對於這些問題，有些人選擇視而不見，有些人期望在下一個有限遊戲裡找到答案，而有些人則開始另闢蹊徑，嘗試成為「無限遊戲」的玩家。

　　無限遊戲比較抽象，它沒有固定的邊界，沒有固定的規則，也不會明確的結束。如果說有限遊戲是在邊界之內玩，那麼無限遊戲就是在和邊界玩遊戲。

　　因此無限遊戲既沒有確定的開始和結束，也不會出現贏家。事實上，正因為無限遊戲的目的就是為了延續遊戲，因此玩家必須不斷的拓寬遊戲邊界、變換遊戲規則，這樣遊戲才不會出現贏家，遊戲才不會結束。

　　面對無限遊戲，一個人要不斷創造新規則，堅持探索新的模式，持續應對不確定性，才能繼續玩下去。如果有足夠的毅力和智慧加成，不但能在遊戲中找到自己的節奏，亦能與其他玩家一同互動聯手，讓遊戲無限的玩下去。

　　有限遊戲和無限遊戲的視角，除了能描述世上的不同遊戲之外，更能給我們帶來不同的認知、行為和目的，並提供了一個看世界的新角度。用這一個角度來反思我們的人生，可以產生一種豁然開朗的感覺。

　　比方「學習」，把「學習」看作是一場無限遊戲，那麼學習的目的，就是為了以後能更好的學習。「學習」這個動作本身，能拓寬學習的邊界，不斷地帶來新規則、新的可能性。學習能帶來更好的學習，並且能無限地延續下去。

比方「工作」，如果把工作看作是一場無限遊戲，那麼工作的目的，就是為了以後能更好地工作。並非按照規則在工作，而是主動拓寬工作的邊界，改變工作的規則。這其實就是一種自主性的培養和表現，透過自身的內部獎勵，希望自己能勝任並完成工作，也希望自己能主導工作，在工作上有自主權，從而做得更好、做得更開心、做得更久。

　　比如「生活」，我們從小被灌輸，要讓生活過得更好，那就必須先獲得一些什麼，先得到一些必需的東西。這是有限遊戲的思維。如果把生活看作是一場無限遊戲，那麼生活的目的，就是為了能更好的生活。而無限遊戲的玩家，會隨著自己的意願拓寬生活邊界，對他們來說，人生的經歷越多，人生遊戲的可能性就越多。最終，不是玩家在苦苦追求美好生活，而是美好生活被創造了出來。

　　我覺得，無限遊戲的視角是最符合人類的人生視角，因為它其實是所有生物之所以存在的根本邏輯。天上飛的鳥兒，水中游的魚兒，它們為什麼要活著呢？我們為什麼要生存呢？有限遊戲的玩家認為，活著就是為了在死亡之前完成一些什麼。而無限遊戲的視角告訴我們，鳥兒和魚兒活著是為了更好地活下去，我們活著也是為了更好地活下去。

　　雖然生命這場遊戲終究是「有限」的，但面對有限的生命，我們卻總能帶著「無限」的意願進行下去。

問題思考

1.閱讀全文，請簡單說明「有限遊戲」和「無限遊戲」的不同。

2.如果用「有限遊戲」和「無限遊戲」玩家視角來看以下議題，
　會產生怎樣不同的觀點、行為和目的？試利用下表統整。

視角 議題	有限遊戲	無限遊戲
國際 關係	觀點： 行為： 目的：	觀點： 行為： 目的：
文化 資產	觀點： 行為： 目的：	觀點： 行為： 目的：

3.承上題，如果各找一個代表人物，你心中「有限遊戲」和「無限遊戲」玩家會是誰？為什麼？請列舉並簡述理由。

玩家類型	代表人物及原因
有限遊戲	
無限遊戲	

4.文中作者提及「無限遊戲的視角是最符合人類的人生視角。」如果「無限遊戲」這麼符合人類，那麼為什麼我們生活中多半還是依照「有限遊戲」來進行呢？請條列原因。

回顧起錨

回顧定錨問題，想一想，面對人生中的課題，如果轉換成「無限遊戲」的視角，你可以有怎樣不同的觀點、行為和目的？

自由書寫

行動指南

1. 條列自己生活中各種進行中的「有限遊戲」。
2. 擇定一個想要刻意練習的項目，書寫下來。
3. 嘗試轉換成「無限遊戲」視角，為此項目重新擬定認知、行為和目的。
4. 回頭檢視此項目在兩種遊戲視角下的內容，並據此思考，重新配盤人生。
5. 尋找不同遊戲視角的典型人物或夥伴，協助自己釐清觀念。

延伸閱讀

書籍

《做自己的生命設計師：史丹佛最夯的生涯規畫課，用「設計思考」重擬問題，打造全新生命藍圖人生》

比爾・柏內特、戴夫・埃文斯

若擁有正確心態，生命的每一章——不論是大獲全勝，還是痛苦又失望——都能持續推動成長循環。用這樣的觀點去看事情、體驗事情，就永遠能在這場「在世上找尋並參與自身生命」的無限遊戲中獲勝。

網路連結

〈教育，一場有限與無限的遊戲〉

顧遠

本文以「有限遊戲」與「無限遊戲」的角度來詮解教育現況，提出對未來教育的新想像，原文節錄如下：

　　作為「無限的遊戲」的教育會體現出這樣一些的特徵：首先，這樣的教育不再是為了在考試中爭個輸贏，而是真正以「成長」和「發展」作為教育的根本目標。知識可以獲得，學問可以佔有，但發展是一個過程，正像美國教育思想家杜威所說：「發展是教育神聖的目標，活動是教育神聖的手段。」「無限的遊戲」在過程中可以夾入「有限的遊戲」。此時，無論這一部分的「有限遊戲」輸贏與否，在「無限遊戲」參與者眼中都只是遊戲過程中的瞬間，是為了推進遊戲的進行，引出下一段遊戲的歷程。

第03章

一種正確評估自己的思考

破除冒牌者症候群的迷思

一種正確評估自己的思考

 單元說明

　　日常生活中，你是否曾經在獲得成功、感受被愛時，覺得自己像是一個「冒牌者」，不值得擁有這些成功或者配不上這些肯定？明明在他人眼中很有成就，卻始終覺得自己表現不夠好，害怕別人看穿自己的不足，所以花更多時間與精力，來督促自己更加進步，卻發現更陷入了恐懼失敗和自我懷疑的惡性循環中。這種「我不配」的感受，有可能是「冒牌者症候群」在作祟。

　　藉由本文的介紹，能更了解「冒牌者症候群」，更重要的是學會一種正確評估自己的思考方式：當職場上或情感上有好的機會來臨時，能夠不被恐懼所綁架，進而擁抱生命中的美好時刻。

本回目標

1.認識何謂冒牌者症候群。
2.理解冒牌者症候群行為的成因。
3.學習面對冒牌者症候群的可能因應策略。

關鍵字

冒牌者症候群（Impostor syndrome）、
達克效應（Dunning-Kruger effect）、
才智天才型（Natural Genius）、
自我關懷（Self compassion）

自我定錨

1. 回憶過往的經驗，當別人肯定或者讚美你時，第一時刻你的想法或感受是什麼？

2. 承上題，你通常會怎麼回應他們的肯定或者讚美？

3. 當你有這種想法或感受時，你的下一步行動會是什麼？

自由書寫

破除冒牌者症候群的迷思

所謂的「冒牌者症候群」（Impostor syndrome），並非指那些打腫臉充胖子、喜歡虛張聲勢的人，而是指那些明明有實力，卻認為自己名不符實的高能力者。研究指出，有70%的人都曾經體驗過不同程度的冒牌症，認為自己的某些能力和外在給予的評價不般配。

·過度自信vs過低自信

冒牌症和我們所熟悉的達克效應（Dunning - Kruger effect）十分類似，兩者最大的不同在於：一般人的評價會隨著經驗、能力的不斷增加，逐漸得到一個對自己比較客觀的評價，而冒牌症的人則不會隨著能力的提升而改善自我評價。

接下來的問題是，到底為什麼有冒牌症的人，無法把知識和成功經驗轉化為自信呢？為什麼他們始終認為自己沒有能力？臨床心理學博士學位後潔薩米·希伯德（Jessamy Hibberd）認為，一個關鍵的原因來自個案對成功和能力的定義。

達克效應（Dunning - Kruger effect）

指缺乏技能的人會因為欠缺相關知識，而對自我能力有過高評價；但是隨著能力的增加，相關的見識豐富了，就會開始意識到天外有天，使得自我評價受到打擊，進而導致過低的評價自己的能力。

例如，一個剛學下棋的初學者，可能在會學了一招半式後，就認為自己的實力處於水準之上。但是，隨著他學習到越來越多下棋的知識，他會慢慢意識到棋藝的博大精深，之前的過度自信也隨之收斂，甚至會從過度自信變成過低自信。

然而，隨著能力的不斷增加，人們的自我評價也會不斷的修正，最終獲得一個對自我能力較客觀的評價。

·冒牌症成因的五種類型

冒牌者症候群的專家薇拉莉·楊（Valerie Yang）發現，冒牌者症候群的成因可以分成五種類型，這五種類型對應的是患者對能力和成功的五種看法：

1.追求滿分的完美主義者

在完美主義者的眼中看來，結果如果不是100分而是99分，那就等於沒有達到標準，而且他們不只關注結果完美，也關注過程的完美。完美主義者很少慶祝自己的成功，在他們的眼裡，沒達標的事情就算完成了，也不過是遺憾之作，沒有慶祝的必要。遺憾的是，世界上根本就沒有真正的完美，因此完美主義者永遠無法為自己辦成的事情感到自豪。

2.追求一舉成功的才智天才型（Natural Genius）

在才智天才型的冒牌症患者眼中，如果需要花費大量時間和努力才能辦成事情，那說明自己在這方面沒有能力，唯有能輕鬆快速地完成事情，才算是有能力的表現。遺憾的是，世上所有的傑出能力都必須透過大量努力和時間培養，因此才智天才型可能永遠都不會覺得自己有能力。

3.追求獨立完成的個人主義者

個人主義者的標準看來，事情的成功與否，取決於是不是一個人獨立完成。遺憾的是，個人能力總是有限的，因此個人主義者會經常遇到自己難以獨立完成的事情，而自己無法完成這些事情時，會對自身能力感到不必要的失望。

4.追求全知的學者專家型

如果你問學者專家型的人有關自身的專業上的問題，而恰巧他們一時回答不出來，那麼他們就會認為這是能力不足的體現，因為他們認為，知識量的多少決定了一個人的能力高低。遺憾的是，學海無涯，在知識和資訊上追求全知，讓他們始終無法對自

己的能力有滿意的評價。

5.追求全能的超人型

超人型的標準最為嚴苛，他們希望自己能同時做好所有的角色，無論這些角色是上司、伴侶、孩子、父母、鄰居、志工，還是寵物的主人。超人型經常給自己設定一個不切實際的工作量，而且往往以犧牲個人時間為代價的鞭策自己。當過重的壓力壓垮了他們，他們因而在某個角色上沒有做好，就會因此感到焦慮並自我批評。

• 應對三方案

潔薩比‧希伯德博士在《冒牌者症候群》一書中列舉了許多能幫助克服冒牌症的技巧，這裡挑了三個方法來說：

1.寫下「我的成就」和「我的長處」

冒牌症者看不到自己的優點與成就，因此重新看見自己的長處是一個必要的練習。請拿兩張白紙，分別寫下「我的成就」和「我的優點」。在「我的成就」那張紙上，回顧且寫下所有成功辦成的事情，無論是考試成績、工作升遷、曾經克服的任何困難等；在「我的優點」那張紙上，寫下自己好的特質、別人給予的正面評價等。最後，把這兩張紙放在房間裡顯眼的地方，每一天早上都閱讀一遍，並在想到有新的成就和新的優點時，就添加到紙上。

2.自我關懷（Self compassion）

作者用了一個很棒的比喻：想像你到健身房，A 教練每次上課都對你大吼大叫，每一句話都只挑你的弱點來說，說你永遠不會達成健身目標；B 教練則很歡迎你上課，不僅指出你的強項及需要加強的地方，同時也會鼓勵你面對做不好的部分，用溫柔的方式推動著你克服困難。而自我關懷就是，學習用 B 教練的方式自我對話，對自己多一些溫柔、多一些善意，轉換一種更積極的

能量來推動進步。

3.重新思考「生而為人」的意義

當我們對自己有過度嚴格的標準，對自己的能力感到焦慮、不自信時，通常會採取兩種應對行為。一個是犧牲個人時間和自由為代價，強行增加自己的工作量，被焦慮和恐懼驅動，陷入過度工作的陷阱；一個是選擇逃避，逃避本能完成的事情，逃避任何可能失敗的風險，這兩種應對行為無濟於改善人生。因此，最後一個應對方案是從自我評價抽離出來，重新思考「生而為人」的意義，重新思考目前的生活是不是自己真正想要的。

自由書寫

 問題思考

1. 閱讀完上文，請勾選符合「冒牌者症候群」特質的選項。
   ☐容易自我懷疑　　☐喜歡虛張聲勢　　☐擔心名不符實
   ☐打腫臉充胖子　　☐慣於追求完美　　☐過度恐懼失敗
   ☐過度謙虛做作　　☐高能力低自信

2. 閱讀完上文，請用自己的話簡述「冒牌者症候群」和「達克效應」的差別所在。

3. 請利用下表，將本文所提出的五種類型「冒牌者症候群」，依其「對能力、成功的定義」與「面臨的困境」進行配對。

   (A)追求滿分的完美主義者
   (B)追求一舉成功的才智天才型
   (C)追求獨立完成的個人主義者
   (D)追求全知的學者專家型
   (E)追求全能的超人型

類別	對能力、成功的定義	面臨的困境
	過程與結果都要十分完美	世界上很難有真正的完美
	能獨立作業	很多事情需要眾人協助
	能輕鬆且快速完成事情	多數能力需要時間和努力來培養
	能扮演好所有角色	承擔了不切實際的工作量
	能回應專業上的所有問題	知識永遠學不完

4.上述五種類型的冒牌者症候群患者是否有跟你相似的？請試著
　舉例並說明其相似之處。

5.承上題，你覺得這五種類型的人之間有什麼共通點？試條列你
　的觀察。

6.用下表整理本文給予的三個應對方案，及其對冒牌者症候群的
　幫助。

應對方案	對「冒牌者症候群」的幫助
寫下成就 與長處	
自我關懷	
重新思考 「人」的意義	

 回顧起錨

　　回顧定錨問題，你是否對於面對肯定或讚美時的想法或感受有了新的認識？如果想要讓自己更坦然的接納別人的評價，下一步你預計怎麼做？

　　自由書寫

行動指南

1. 回想自己面對成功或者他人肯定時的狀態，是否符合本文所介紹的「冒牌者症候群」，或者透過延伸閱讀中的Impostor Syndrome Test，測驗自己的「冒牌者症候群」的分數。
2. 依據文中所提出的應對三方案，選擇適合自己的方案去實踐。
3. 每週檢核進行的方案有無落實，可依心力值去調整或增加。
4. 觀察下次面對他人的肯定或讚美時，自我的評價有無改變，並思考有或無改變背後的原因是什麼。

 ## 延伸閱讀

網路連結

 15張圖看冒牌者症候群：你不是不夠好，只是恐懼失敗

2017-04-20《女人迷》撰文：海苔熊

本篇文章更細部去探討冒牌者症候群成因和策略，可與本文相互參照。

 英文版

 中文版
狸想教育創新學院譯

Impostor Syndrome Test　檢測自己的「冒牌者症候群」分數。

自由書寫

第04章

一種認識自己的工具

對比，是認識自己的最好工具

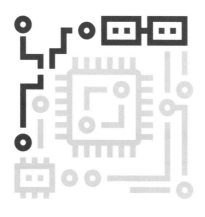

一種認識自己的工具

 單元說明

　　對比，在生活中，無所不在——吃了甜食再吃藥，會覺得藥特別苦；手摸了熱水，再接觸常溫水，會覺得是冰水；閱讀一般書籍，再閱讀經典，就會感到經典的偉大價值；在一家多數人都不懂中文的公司上班，擁有中文能力就會變得很稀有……，類似這樣的生活對比例證，不勝枚舉。

　　其實，我們常受制於生活裡潛藏的對比手段，因而直接或間接地影響個人認知，慣性地重複某種生活決策。偶爾也會有意識地運用對比手段，特意選擇多樣的參考點，以便明確個人需求與定位。

　　因此，本篇主要讓讀者透過對比產生的結果，檢核自己的認知狀況，明瞭且正確運用對比，客觀認識自己，主觀明確個人目標，以期有效達成舒適自在的生活品質。文中先談「對比效應」的意義、使用目的與結果，緊接著介紹「對比」在影響個人認知所產生的兩種結果：「認知扭曲」與「認知提升」。並透過生活例證與實驗證明——對比，是認識自己的最佳工具。

本回目標

1.認識對比效應、使用目的及結果。
2.能明白自己因應對比情境時，所產生的反應原因。
3.能明瞭對比的適切運用，可以更準確地認識自我。

關鍵字

對比效應（Contrast effect）、
認知扭曲（Cognitive distortion）、
認知提升（Cognitive improvement）

 ## 自我定錨

1.你覺得你認識自己嗎？

2.承上題，你常會從哪些層面、用什麼方式來認識自己呢？

3.是什麼原因讓你選擇這些層面與方式來認識自己？

4.如果有機會讓你從一個新的角度或方式來認識自己，你覺得
  會是什麼？

5.承上題，對於認識自己，你預期會有哪些發現？

自由書寫

對比，是認識自己的最好工具

想像一下，你身處在大海上漂浮的一艘小船，小船很簡陋，雖然有充足的水和食物，但卻沒有指南針和雷達，環顧四周看到的都是海水和天空，除此之外沒有其他。沒有島嶼，沒有燈塔，就連太陽都被烏雲給遮住了。在這個情況下，你要怎麼知道自己的船在什麼位置，正在往什麼方向移動呢？

這個情景，就是每一個人初識自己的情景。我們不了解自己是誰，不知道自己的位置在哪裡，不清楚自己正在變成什麼，也不知道最終漂向哪裡……，那我們要怎樣知道自己在哪裡？那我們要如何擁有明確地前進目標？答案很簡單——對比。

什麼是對比？一般人所認知的「對比」，是拿兩個或兩個以上的東西相互比較、相互對照。在心理學上，則稱之為「對比效應（Contrast effect）」。大抵而言，生活中所出現的「對比」現象，都有著影響他人或自己想法的目的。而這樣的目的，可能產生兩種結果：一種是認知扭曲（Cognitive distortion），一種是認知提升（Cognitive improvement）。

生活裡，很容易覺察到「對比」帶來的認知扭曲現象。如：在昂貴的餐廳裡，多數食物選項都超過500元時，一份200元的滷肉飯就會顯得便宜。又如：和一群中學生吃飯聊天，身為大學

對比效應（Contrast effect）

又稱「感覺對比」，指的是面對同一刺激，卻因不同背景而產生的感覺差異現象。生活中常見對比效應，小至個人的感官感受（色彩、溫度、味道……）、個人表現（學業、工作、家庭……）談起，大至環境變動（物品價格、物件品質……）或社會發展（政治、經濟、人文、教育……）。關注到「對比」，便能用來檢視自己在其中的感知反應與決策行為。

認知扭曲（Cognitive distortion）

是一種非理性的思維模式，指的是在個人處理訊息，因為受到某種參考點的影響，而扭曲自我，使得對訊息的認知有錯誤的理解。

想要避免或降低認知的扭曲，我們可以：

1. 多維面向的思考視角：避免使用單向思考（負面思考）與絕對觀點（二分法），盡可能針對情境有完全理解與通盤思考。
2. 確切事實的合理推論：不過度誇大或刻意貶低，也不做沒有證據或事實的推論，隨時檢視自己是否因個人偏見而影響判斷，失去客觀標準。
3. 超脫情緒的持平覺察：避免讓事情影響心情而帶入主觀覺知。

實例

失戀後，覺得自己是一事無成的人，更覺得自己這輩子都不會有人愛了。

➡ 雖然失戀讓我覺得悲傷，甚至痛苦，但我知道造成這次失戀的原因是彼此對未來的期待不同，因此我接受這份悲傷，也選擇讓自己休息一陣子，再做其他打算。

認知提升（Cognitive improvement）

是一種對於大腦進行更深層次的認知能力歷程，是關於個人處理訊息時，主動增加選項形成對比或目的性強化已知理性思維的模式。

想要有效提升認知，我們可以：

1. 找適當的比較對象：藉由學習典範的選定來明確個人的學習方向、方法的參考。
2. 找適切的現實目標：釐清當下所需與所求，訂下適合自己身心發展的目標。
3. 系統性的成長規劃：分階段（短、中、長期）、分時段（日、月、年）設計，設立可行的具體行動指標。
4. 有意識地多樣嘗試：主動參與不常做的活動或尚未習得的新知。
5. 實踐後的多元評估：針對多角化活動的實踐，比較異同，多面向觀察思考。

生的你，會忽然意識到自己好像有點年紀了，儘管你還很年輕，但就是禁不住有那樣的想法。換言之，只要「對比」運用得當，就能把昂貴變便宜，把年輕變老，把普通的長相變美，把小的變大，把平凡的變得稀缺，或者將以上統統反過來。

相較之下，另一種認知提升現象，就不易被察覺。在《掌控關鍵決策》書裡曾提到一個研究：

「一群平面設計師，被隨機分配成兩組，執行相同任務，但用兩種不同的方式進行創作。一組被要求一次設計出一個廣告，然後根據評論員的反饋做出相應的調整，完成後，才能開始設計另一個新的廣告，這樣來回五次，一共生產了六個完全不同的廣告設計。另一組被要求一次設計出三個不同版本的廣告，然後評論員也一次對這三個版本給出相應的不同反饋，接著設計師在根據反饋做出調整。這樣來回兩次，也一共生產了六個完全不同的廣告設計。」

那麼，哪一種創作方式更好呢？研究結果證明，第二組的創作明顯優秀。他們得到了雜誌編輯和廣告經理的更高評價，也在實際的廣告測試中獲得了更好的點擊率。當時，研究人員給出的解釋是：第二組同時產出多個設計，並同時接受多個反饋，這讓他們得以同時分析整合多個評論，直接對比各種設計元素，產品裡的優劣分析，就變得顯而易見了。換言之，沒把創作放在一起對比，我們很難總結出自己做對了什麼，做錯了什麼。只有做了對比，一切才能變得顯而易見。

因此，單純評估一個選項，是很難讓我們分辨出什麼是最好的，什麼是不夠好的。明智的決策者，都會主動增加手中的選項以形成對比，在對比的框架下，較為客觀的評價才會顯現。有對比，結論才會有意義。有對比，認知才能真正的升級。

那麼，如果用「對比」來認識自己，是會扭曲認知自己？還是提升認知自己呢？

常有人說，不該跟別人比，比了就沒了自己，要比就跟自己比，咱們最大的敵人就是自己啊！更何況，若總跟成功的人比，永遠都只看到自己的不足，都只能感受到挫敗，這樣不就扭曲認知自己了嗎？

但我認為，這是因為拿錯了比較的對象，才會產生這樣的認知扭曲。我們需要識別出適當的比較對象，才能讓對比提升認知自己的可能。健康的比較對象大致可分兩種：

第一種是你人生的精神導師。可以是一個已故的偉人，或者是還活著的著名人士，和他比是為了確立自己前進的方向，自己需要哪些人格品質，自己應該在哪方面加強。

第二種是你觸手可及的學習對象。可能是同事或同齡朋友。比你稍微優秀或成功，在某些方面比你強，但還沒到遙不可及的地步。和這種人比較，能讓你清楚自己下一步應該做些什麼，具體要做的是什麼。也比較不會讓你感到焦慮。

與這兩個對象比較，才算是走進了學習區，因為他們提供了你明確的前進方向和下一步該怎麼做。如此用對了對比框架，什麼是該做的事情會變得清晰起來，也相對地提升對自己的認知。

那麼，讓我們回想文章一開始的情境：正確地尋求對比，就像是找到身旁其他的島嶼與船隻，只有等到島嶼出現了，我們才知道自己是否正在前進；只有等到船隻出現了，我們才知道自己的現狀該如何定義；只有我們學會正確的對比，不扭曲認知，才能對自己有一個客觀的認識。最後，適當地提升認知，才能擁有明確的前進目標——等到烏雲被撥開，我們就能知道世界原來如此廣闊！

 問題思考

1.請在閱讀文本後，以你所理解的，將內容中的對比結果與實例
說明，完成選項配對。

類別		面臨的困境
A. 認知扭曲		1.設計師的對照實驗，發現任務相同，創 作方式不同，結果大不同。
		2.昂貴餐廳裡，大多數的食物都超過500 元， 200元的滷肉飯顯得很便宜。
B. 認知提升		3.身為大學生，和一群中學生吃飯聊天， 感覺自己有年紀了。
		4.選擇適當的比較對象，來認識自己的可 能性。

2.閱讀全文後，你認同作者提出「對比，是用來認識自己的最好
工具」的觀點嗎？請分別從認知扭曲與認知提升兩個層面，說
明你的立場。

認同與否	立場說明
□認　同 □不認同	從認知扭曲層面來看： 從認知提升層面來看：

3.回到生活中的對比經驗，讓我們試著用 4 F 覺察自己在對比情境下的反應與決定。
（1）Facts：在你的生活中，最常出現的「對比」情境是什麼？
（2）Feeling：面對這個「對比」情境，你通常會選擇什麼樣的反應？
（3）Finding：是什麼原因或心態，導致你有這樣的反應？
（4）Future：這個「對比」後的結果，是「提升」還是「扭曲」你的認知？這個經驗會影響你之後的哪些行動或決定呢？

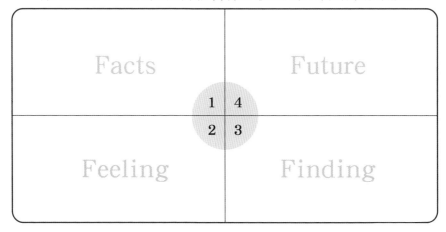

4.生活中的「對比效應」無所不在，當我們覺得商店裡的商品便宜，通常是對比了它的原價或其他商場的定價；當我們期待自己的選擇是正確無誤，通常是對比了其他人事物的優缺，而更添自信。因此，在思維更新後，此刻的你，若想要設計一個提升認知的對比效應，你會想從哪個生活情境切入？你可能執行的方式為何？預期結果又是什麼？

對比效應	
生活情境	
執行方式	
預期結果	

 回顧起錨

　　文中作者提到：「用『對比』來認識自己，選擇適當對象來比較，提升自我認知」，想一想，你曾經選擇過那一類型的對象來比較？勾選後，寫下姓名或稱呼謂，並簡要說明選擇原因、跟隨過程與發展結果。

□人生的精神導師		□觸手可及的學習對象
姓名 稱謂		
選擇 原因		
跟隨 過程		
發展 結果		

自由書寫

行動指南

1. 選擇一張A4紙，在紙上寫下你最敬佩的三個人的名字。
2. 回想這三個人的行為表現，請在每一個名字底下，寫下你敬佩他們的三個特質。
3. 獲得了九個敬佩的特質後，請按照目前個人的需求或期望，依序為這些特質編號。
4. 請針對序號1-3，在底下分別列出兩個可以執行的具體表現。
5. 最後，試著每週檢核自己完成具體行動的現況，思考是否貼近原本預設的表現目標。如果有，可以往後續的序號去執行；如果沒有，請回想目標的適切性與行動過程所遇到阻力或助力。

 ## 延伸閱讀

文章

 當初買得太衝動？你該知道的對比效應陷阱

《富朋友理財筆記》文：艾爾文

此文舉出四個生活實例，用來說明對比效應所產生的「認知扭曲」，也發現我們的反應，原來都是大腦搞的鬼。

 不怕不識貨，只怕貨比貨

智勝文化

《理性的非理性：誰都逃不過的10大心理陷阱》

此文從「如何將滯銷品變的暢銷」談起對比效應的實例，並以「啤酒購買」與「雜誌行銷」了解對比效應就是決策受到情境影響的一種現象，可延伸本篇的對比概念。

文章

對比效應

此文從認知心理學與社會比較理論中的區分與應用，了解對比效應對個體面對自我與社會訊息時，可能會有的正負面影響，是本篇在提升認知部分的進階版參考。

影片

不想再和他人比較？四觀念讓你不再質疑自己，還能利用比較提升動力！

Youtuber：Why學生

這部影片探討人們愛比較的原因，並以四個重要觀念，協助大家脫離比較惡性循環、提升成長動力！

新聞

網購口罩加七元太貴？醫師「換句話說」驚呆網友：行銷很重要

這則新聞統整生活中的四個行銷手法，證明不同的行銷說明，卻在無形中，讓不同消費者產生個人認知扭曲後各自選擇，進而了解自己平日的消費習慣，與本文所述概念相互呼應。

第05章

一種認知世界的感知

人類第六種感知

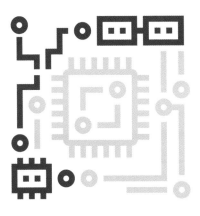

一種認知世界的感知

 單元說明

　　我們能準確感知到真實世界的本來面目嗎？人類的第六種感知，究竟是什麼？它與電影裡常出現的那種神奇第六感有什麼不同？人體感官所輸入的訊息，亦即視覺、聽覺、觸覺、味覺、嗅覺，這五種感官的輸入，讓我們時時刻刻都能接收到外部世界的訊息，而這些訊息的總和就是世界的樣貌嗎？

　　本文透過生活經驗的舉例，說明科學家稱為「構建性感知」的概念，透過檢核感知優勢，進而建立個人獲取訊息的資料庫。文末提示一個物種所能感知到的，就是他所能做出的所有選擇、能看見的所有機會，人類可以運用哪些方式，有效提升自己的「感知優勢」，甚至掌控個人感知，進一步更好地應對世界呢？讓我們閱讀本文一窺究竟！

本回目標

1.能了解人類的感知範疇不僅來自感官。
2.能明瞭世界是由構建性感知所形成的。
3.能有意識覺察感知並習得強化的方法。

關鍵字

構建性感知（Constructive perception）、
感知能力（Perception）

自我定錨

1.觀看此圖，你觀察到什麼呢？請說說說你如何解讀這張圖？

2.我們常說「所見所聞」，對於這個世界的認識除了視覺之見、
　耳聽之聞以外，還有哪些認知世界的方式呢？

3.承上題，你個人在觀察事物樣貌時，最常使用哪些方式？

4.承上題，你認為這些方式可以幫助你正確的認識這個世界嗎？
　為什麼呢？

5.常有人說「眼見不一定為憑」，真實世界與感知的世界是可能
　存在落差的，你生活中是否有這樣的經驗？試舉例說明。

自由書寫

人類的第六種感知

對新生兒來說，所有的感官訊息都是無意義的。孩子在成長過程中透過學習和摸索，慢慢對身邊事物產生認識，對這個世界構建出意義。他會以為他所感知的，就是世界的本來面目。而我將無可避免地，在他長大後的某一天告訴他：

「孩子，其實你所感知到的一切，都是幻覺。」

・這些幻覺，是人類的第六種感知。

人有視覺、聽覺、觸覺、味覺、嗅覺五種感官，這讓我們時刻接收外界的訊息。就像當你走入廟宇裡，能看到佛像、聽到誦經聲、聞到焚香味、觸摸到廟宇牆壁、品嚐到素食，此時，第六種感知，就是當你站在佛像前，並感知到佛存在的當下。貓也有五種感官，但牠經歷相同的感官經驗後，卻無法感知佛的存在。另外，就像你明知米老鼠是沒有生命的，觀賞時就是禁不住地與牠共情，這也是第六種感知在起作用。

・第六種感知並不直接來自外界的資訊，而是出自你的大腦。

人類的感官能力和動物相比，可說是相形遜色。除了五感之外，許多物種還演化出特殊的感知能力，比如說：在視覺方面，人類的兩隻眼睛加起來，才能產生雙重的立體視覺，並且人類眼睛裡的視覺色素則只有三種。而動物界蝦蛄的眼睛，不單能產生更高級的立體視覺，還可以看到三百六十度、沒有死角的畫面。蝦蛄的眼睛能看到紅外線和紫外線，擁有高達十六種視覺色素，在嚴峻的海底世界裡，蝦蛄因此獲得了生存優勢。又或是鮭魚能感知地球磁場、海豚能感知電場、蛇能感知熱能等等。這些動物透過超級感官，感知到世界的其中一部分，這就是相對於其他物種的優勢。

人類和其他動物相比，五種感官都相形見絀，人難道沒有任何感知上的優勢嗎？是有的。不過，和其他動物不一樣的是，人類的感知優勢，主要發生在大腦裡。

　　科學家指出，當人進行觀察時，腦中的視覺神經會被啟動，而在這片神經網絡中，只有10%是來自眼睛的資訊輸入，其餘90%資訊則來自大腦的其他區域。這90%大腦區域在做什麼呢？答案是：在處理那10%的資訊輸入、詮釋你看到的視覺圖像。過程中，大腦會調動過去的歷史經驗，並對眼前的事物構建出新的意義。

　　這是什麼意思呢？我們來做個實驗就能明白。

　　請先看這張圖，再回到【定錨問題】的圖片。

　　第一次看見【定錨問題】的黑白圖片時，你認為那張圖片是什麼？看完這張彩色的圖片後，再回看黑白圖片，是否能從剛那無意義的圖裡感知到有一隻蜜蜂在裡面？

　　這是為什麼呢？

　　因為彩圖裡的蜜蜂為你帶來經驗，這個經驗讓你從無意義的黑白圖裡，看見蜜蜂的存在。事實上，哪怕僅僅是出於我們想像的事物，也能影響我們的感知。例如一個迷信的人，就算自己不曾透過五感體驗過鬼的存在，也能在晚上的時候感知到鬼存在。

　　這種來自個人歷史經驗的感知就是「第六種感知」，心理學家將它稱為「構建性感知（Constructive perception）」。過去的經驗構建我們的感知，而你能透過獲得經驗、知識，去改變對未來的感知。人類也正是因為這種能力，獲得資訊優勢，最終在物種的競爭中勝出。

構建性感知（Constructive perception）

　　文中作者稱為「第六種感知」，指人對事物整體的認知，包含感官當下所經歷的，以及過去知識與經驗建構出的感知總和。

　　皮亞傑（Jean Piaget）的知覺建構理論中，提及知覺的發生是在刺激輸入，能賦予意義後才能產生。知覺的意義建構包含形象的（Figurative）及運思的（Operative）兩種成分。前者指透過感官經認識而知覺到的事物，如聲光、文字、數字、圖形……；後者指在生活情境中透過思考運作而習得的整體知識。

　　整體而言，構建性認知應包含從形象知識所建構的有意義訊息，以及邏輯運思的運作所理解的複雜知識。

——編寫自國家教育研究院建構主義知覺理論

　　人類社會裡，由於每個人的經驗都不相同，因此對真實世界的感知也相異。各界人士透過學習專業知識，形成某種別人所不具備的「感知能力（Perception）」，能感知到其他人感知不到的可能性，像是一位建築師能在一塊空地上，感知到這裡適合建造怎樣的一座大廈；銷售員能比一般人，更能感知到客戶的購買意願……。即使同行，我們也會因構建而有感知差異。同樣是研究世界，但不同的科學家能感知到的面貌是不同的，因此提出不一樣的理論。

感知能力（Perception）

　　本文中指的感知能力，承接「建構性感知」而來，包含透過深度習得某個方向的專業知識，強化對形象與運思的能力；或橫向拓展專業領域，減少對形象辨識與邏輯運思上的盲點所能做到的覺察力；又或是綜合整體能力所挖掘出的隱藏訊息，所延伸發想的想像力。

　　在感知上毫無優勢的人，面對世界時能收穫的資源往往是更少的。因此，如何提升自己感知優勢，更好地認知世界呢？以下提供三種方式：

一、縱深學習：學習更深入的知識，打造某領域裡更高的感知強度，能見到他人看不見的事物。

二、橫廣連結：學習更多元的專業，減少感知上的盲點，碰觸多面向的領域以形成更廣的鏈結。

三、縱橫洞察：面對各樣人事物時，使用感官觀察外，更要嘗試使用第六種感知發掘隱藏資訊。

· 你的幻覺，就是你的可能性

　　人類的強大，在於我們能感知到不存在的事物。在無可避免的那一天，除了提醒孩子意識到自己所感知到的一切，其實都是幻覺，我也將進一步地告訴他：

　　「孩子啊，在你長大後，你要意識到你所感知到的一切，其實都是幻覺。而這些幻覺，將會是你以後的最大優勢。更好玩的是，你能夠選擇你自己想要的幻覺。」

　　而他也終將明白，他將因為相信，而看見他所想望的世界。

自由書寫

問題思考

1.請在閱讀文本後，寫出你所理解的人類「感知能力」應包含哪些內容？試條列說明。

面向	內容
外部 觀察	
內部 覺知	

2.承上題，在日常生活情境中，相對於其他人而言，你有著什麼樣的感知優勢呢？有什麼是你能感知到，但其他人卻感知不到的呢？請簡單說明。

3.文中作者提到即使是相同行業，構建的感知能力也會有所差異，而形成自身可爭取之優勢。請利用文中作者所列三個提高自己感知優勢的方法，為自己規劃能提升某項專業領域的學習內容。

專業領域：	
方法	學習內容
縱深學習	
橫廣連結	
縱橫洞察	

　　本文提及「一個物種所能感知到的東西，就是他所能做出的所有選擇，他能看見的所有機會」，因為感知能力不足，所以選擇也很少，使得生活容易陷入相同的困境。

　　請回想生活當中有哪一個困境一再發生，當中是否有讓你無法突破的難點？請選擇「縱深學習」、「橫廣連結」、「縱橫洞察」其中一個面向來設計強化自身感知能力的方法，藉此找出解決困境的關鍵！

「解決生活困境」的感知能力強化設計			
情境描述			
選擇面向	□縱深學習	□橫向連結	□縱橫洞察
強化設計			

 行動指南

1. 請思考你所期待的生活樣貌，藉著眼見、耳聞、口說描繪理想生活的樣態。
2. 做為一位理想生活經營者，請訂定三個可幫助自己達成理想要具有的條件。
3. 請利用感知強化能力設計的面向，條列出能達成理想生活的具體學習內容。
4. 請以三週或六週為單位，定期檢視有否達到目標，並依此能調整學習內容。

理想生活			
	眼見	耳聞	口說
敘述面向			
經營條件			
學習內容			
檢核結果			

延伸閱讀

 〈如何有深度的理解「情緒」〉

楊大輝

本文所述及概念引自此文，列為參考。

 《真確》

漢斯・羅斯林

本書列出人在直覺思考中會有的十大偏誤，提供許多在認知上的盲點：二分化、負面型、直線型、恐懼型、失真型、概括型、宿命型、單一觀點、怪罪型、急迫型。

 《學習的26種方法》

桑妮・克尼特爾

推薦章節：
Ａ類比思維、Ｄ刻意練習、Ｅ精緻化策略、Ｓ自我解釋、Ｉ想像遊戲、Ｋ知識

書籍與篇章

 嘿！善用感知能力，掃描大小事

從身體動能敏感訓練，增加對情境的感知能力。

文章

 TED：
您的大腦使您的有意識的現實產生幻覺

 TED：
視覺錯覺表明我們如何思考

影片

第06章

一種定義愛的方式

愛的簡單定義

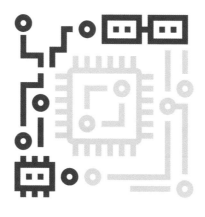

一種認知世界的感知

 單元說明

　　生活周遭總充盈著「愛」，有親人對我們的愛，有朋友對我們的愛，有師長對我們的愛，更有我們對生命中出現的每一個重要他人的愛。「愛」的範圍僅此於此嗎？我們會否對走在路上遇到的陌生人產生愛？

　　有時，父母嘴裡說著愛我們，我們理智上知道這件事情，卻始終無法感受到他們對我們的愛，這是為何？然而有時，不必說任何一句話，只要待在同一個空間便能感受到彼此的「愛」，這又是甚麼原因？

　　古今中外，大家都在追尋著「愛」，都在嘗試為「愛」下定義，可是究竟要如何替「愛」下定義才能真正地切合所謂的「愛」呢？本文將提供一種定義「愛」的角度與練習方法，與讀者一起思考。

本回目標

1.自科學角度思考「愛」的定義。
2.習得練習「愛」的兩種方法。
3.用正向的態度建立人際共鳴。

關鍵字

愛（Love）、
定義（Definition）、
正向心理學（Positive psychology）、
正向共鳴（Positivity resonance）、
情緒（Emotion）

自我定錨

1.你的生命歷程中,是否曾有讓你感受到愛的經驗?

2.承上題,這個愛的經驗是在何種情境下感受到的?

3.承上題,你會用甚麼樣的詞句來描述此愛的感受?

4.若現在讓你為「愛」下一個定義,你會如何定義?

自由書寫

愛的簡單定義

「愛是什麼？」這是人們自古以來所關注的永恆主題，人們不斷地討論「愛」，並試圖替「愛」訂立一個最切合的定義。

生活中，人們對家人、朋友、伴侶付出他們所認為的愛，但這些愛該如何區分？不同文化間對愛的表現也不同，有些較為外顯，有些則較為內斂。外顯的愛，人們極易感受到，但是較為內斂、人們無法感受的愛難道就不是愛了嗎？無條件的愛是愛，那麼有條件的愛是不是愛？由此可知，要為愛下一個定義極為困難，更遑論替愛下一個放諸四海皆準的定義了，所以有些人乾脆說：「愛是無法定義的。」而正向心理學家芭芭拉·佛列德里克森（Barbara L. Fredrickson）對此表示不服，她在《愛是什麼》書中提出，愛的定義其實很簡單，只要四句話就能說清楚，且這個定義對所有人類都適用：

當你和這個人共同擁有某種正向情緒。

當你和這個人出現了同步的生物化學反應。

當你們兩人之間彼此關注對方、在意對方。

你們間即產生名為愛的一種情緒，也稱為正向共鳴（Positivity resonance）。

佛列德里克森提出此定義，並不是認為一般人對愛的定義不準確，也不是想推翻任何人對愛的定義，而是想從科學的角度，提供一個對於愛的定義：身體所能感知到的愛，其實就是一種情緒。而這種愛的情緒不能獨自產生。更準確地說：愛這種情緒，它發生的條件必須是有兩個或以上的人，在同一個時空裡發生正向共鳴才能夠產生愛。因此，真正重要的不是大腦所定義的愛，而是由身體所感受到的愛。

一位是總在工作，無暇陪伴孩子的父親，與一位花許多時間陪伴孩子，與孩子一起玩、一起分享興趣、一起笑的父親，這兩位父親誰與孩子的關係會更好？答案當然是後者。即便前者父子兩人都知道彼此對自己的愛，但是沒有情感上產生共鳴連結的機會，他們的身體很少體驗到愛的情緒，因此各自的身體認定對方是不愛自己的，而後者他們有更多的機會產生情感上的連結，他們有更多的時候體驗到愛的情緒。故身體所感受到的愛，才是關係裡唯一重要的愛。而個體大腦所定義的愛，不是最重要的愛。

而「愛」作為一種正向情緒，它可以不挑對象，且廣度可以很大，可以是身邊任何一個與你有連結的人，即便是陌生人也有可能。這一種帶有博愛味道的精神，對健康也很有幫助。從過去的研究發現，長期的孤獨感會損害人體的基因表達，特別是控制炎症的免疫系統的基因表達，反之，那些受到關愛、擁有親密關係的人較少患感冒、低血壓，而且他們患心臟病和糖尿病的概率也更低。

由上文不難發現到「正向共鳴」或「愛的情緒」，除了能促進人們的關係外，對個體在生理及心理上的健康都大有裨益，因而我們平時應當多加「練習愛」。一定會有人產生疑問，究竟要如何「練習愛」呢？可以試著從以下兩個方法試著練習：

1.每天回想三個社會連結

每天晚上睡覺前，抽出一些時間回想當天所經歷的三個歷時最長的社交互動。試著回想，在這些社交互動中，你與周圍的人如何同步，你感到自己與他人如何親近。

2.慈愛冥想

慈愛冥想能改變你看待世界、看待周圍的眼光，把人從過度的自我關注抽離出來，讓人重拾溫情，把注意力適當地用來關注他人。

在不斷「練習愛」的過程中，「愛」的能力會越來越強，生活中便會越容易、越積極主動地和身邊的人產生「正向共鳴」，生活中「愛的情緒」即可得到增加，而此可知，愛自始至終都很簡單 —— 就是兩個人相處在一起，用心感受它，便能體驗到的情緒，「愛是什麼？」這個人們自古以來所關注的永恆主題，也有了一個新的定義。

自由書寫

問題思考

1. 正向心理學家芭芭拉‧佛列德里克森（ Barbara L. Fredrickson ）在《愛是什麼》書中提出，愛的定義其實很簡單，只要四句話就能說清楚，且這個定義對所有人類都適用，請問此四句話是以下哪幾句？
   □ 當你和此人共同擁有某種正向情緒。
   □ 當你和此人共同擁有某種理性認知。
   □ 當你和此人出現同步生物化學反應。
   □ 當你和此人出現同步大腦思考反應。
   □ 當你們之間彼此關注並且在意對方。
   □ 當兩個人之間產生正向共鳴的情緒。

2. 作者提及「身體所感受到的愛，才是關係裡唯一重要的愛。」試問下列例子何者符合此論述？
   □ 說出相同的話，會心一笑後感覺身體熱熱的。
   □ 父母抱著孩子睡覺。
   □ 兩個人講到有興趣的話題，大笑之後彼此相視。
   □ 團隊完成目標後，彼此開心互擁。

3. 承上題，作者又說「個體大腦所定義的愛，不是最重要的愛。」請問你是否認同此說法？請舉出自身經驗說明對此說法的看法。

4.無論你是否認同作者對愛的定義，我們都可以練習如何愛，請問作者在「練習愛」的部分提到哪兩種方法？請分別簡述說明此兩種方法的意義。

5.承上題，請由練習愛的兩個方法中選擇其中一個方式，並以此方式為基準，結合自己的自身經驗，寫下自己練習愛的內容。

6.文中提出研究結果，證明「愛作為一種正向情緒，它是可以不挑對象的，而且廣度可以很大，可以是親人、朋友、伴侶甚或是陌生人。而這一種帶有博愛味道的精神，對健康很有幫助。」對於此理論你有何想法？請具體說明之。

回顧起錨

在閱讀完文本內容，以及完成提問設計的部分後，你此刻是否有一些新的切入觀點？若現在讓你重新為「愛」下一個定義，你會如何定義？

自由書寫

行動指南

1.每天回想三個印象最深刻的社會連結。
2.每日進行十分鐘的慈愛冥想。
3.每周嘗試與他人建立正向共鳴並制訂次數。
4.每個月檢核是否與他人達成所期待的正向關係連結。

 ## 延伸閱讀

網路文章

 〈什麼是愛？如何去愛？看完尼采的20個愛的總結，你就知道〉

愛經常被掛在嘴邊，但說了愛就是愛嗎？說出來的愛，或者沒有深刻認識的愛，能達到我們預期的願望嗎？關於愛，愛情，關於什麼是愛？如何去愛？20道箴言就是20道對愛的反思，能讓我們更深刻地覺察說愛的自己。

書籍

 《關於愛》

荷西・奧德嘉・賈塞特

深入愛的不同階段，揭發愛的心理作用、愛的意義與象徵、男女本質、注意力與吸引力，區分性與愛、本能與意識的差異，探討墜入情網的現象以及對於愛欲對象的選擇，釐清一般人對愛的錯誤認知。關於愛，本書用最溫暖的文字進行了一場最精彩的哲學討論。

第07章

一種改變心態的角度

好鴕鳥，壞鴕鳥

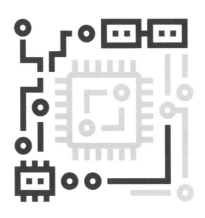

一種改變心態的角度

 單元說明

　　你知道嗎？當鴕鳥遇見危險時，會把頭埋進沙子裡，讓自己看不見危險。因此，「鴕鳥心態」是指個體選擇逃避，選擇忽略真相，對現實視而不見。乍看之下，鴕鳥心態是個壞東西，它讓我們逃避現實，不願接受真相。照理說面對困難時，我們應該採取積極的態度，設法改變才對。而本文提供了新的思路，當我們理解「確認偏誤」的運作，便能夠正確地使用鴕鳥心態，那麼這種選擇對現實視而不見的傾向，就是最健康的心態。

本回目標

1.了解確認偏誤的原理。
2.習得正確運用鴕鳥心態的方式。

關鍵字

鴕鳥心態（Ostrich Syndrome）、
確認偏誤（Confirmation bias）

自我定錨

1. 談到鴕鳥心態，你會想到哪些生活上的實例？

2. 承上題，這些實例當中，哪一件令你印象最深刻，當時的感受是什麼？

3. 承上題，你會如何反應？

自由書寫

好鴕鳥，壞鴕鳥

在探討什麼是「好鴕鳥」，什麼是「壞鴕鳥」之前，我們得先了解一些前提知識：人會選擇什麼樣的「資訊」？而人選擇某項資訊，背後蘊藏著什麼樣的心理認知呢？我們了解之後，又該如何轉化「鴕鳥心態」呢？

‧為什麼猴子會想獲取資訊？

神經科學家設計一項實驗，想知道猴子是否有求知慾。實驗提供猴子兩種大致相同的選擇，差別只在於是否事前提供結果，提供結果的選項會給較少的水。實驗結果發現，即使猴子會得到較少的水，還是想事先知道結果。更有趣的是，微電極觀測到猴子的大腦在期盼資訊和獲得資訊時，多巴胺神經元會活躍起來，猴子會感覺良好，就像得到水、食物或性愛。可知猴子的大腦把資訊的獲取看作是一種十分重要的獎勵。

這個結論或許可以解釋為什麼我們對Google和Facebook特別著迷，因為人腦也遵循同樣的神經學原理。對人腦來說，「獲得資訊」本身就是一種獎勵。為什麼大腦會把資訊和生存必需的水，看成同樣重要呢？我的理解是，因為資訊能讓生物做出更好的生存行為。在原始叢林，求知欲讓猴子掌握環境資訊而有更好的生存。對猴子來說，獲取資訊是生死攸關的事情。但是，對人類來說，生死攸關卻不是獲取資訊的唯一驅動力。

‧為什麼人類有時候不想獲取生死攸關的資訊？

我們的生活有許多和生死攸關的資訊，例如：飛機上的安全演示、學校裡的火警演習等等一但真正在意的人很少。為什麼人們不喜歡生死攸關的資訊？原因很簡單，因為人們不願想像自己可能會遇難，因此選擇忽略這個潛在的壞消息。人們喜歡接受資

訊，但不喜歡讓自己感覺不好的資訊。

・為什麼人會選擇性地接受資訊呢？

我們知道人都有求知欲，大腦把資訊看作和生存資源同樣重要的東西，但不是什麼都想知道，也不是與生死攸關的資訊就想知道。我們常常是對感覺良好的資訊來者不拒，感覺糟糕的資訊則擋在門外，也不喜歡能夠證明我們錯誤的資訊，因為這些資訊讓我們感覺糟糕。面對這些不喜歡的資訊，該怎麼辦？當然是把頭埋起來啊！

另外，研究發現個體接收的資訊與自己觀點或決策相符的時候，大腦的許多區域就會活躍。反之，個體接收的資訊與自己觀點或決策不相符，大腦會呈現像「停止運轉」的狀態。這表示大腦似乎會選擇性的接收能證明自己觀點的資訊，並忽略否定自己觀點的資訊。

「只看見對自己有利資訊的心理」即是所謂的「確認偏誤（Confirmation bias）」，它被評價為是最頑固的認知偏誤之一。而自認特別聰明的人，這樣的狀況會變得更加嚴重，因為這些人更有能力去扭曲資訊以佐證自己的觀點。

總之，確認偏誤的存在，讓人們很難客觀的看待問題、接受兩邊的觀點、容易造成觀點的兩極化，大腦還會獎勵這種行為—證明自己是對的，則感覺良好；反之，意識到自己是錯的，讓人感覺糟糕。所以，當客觀的真相要送到你面前時，本能會告訴你：不要應門。

・如何把壞鴕鳥轉化成好鴕鳥？

大多數人面對潛在的負面資訊會展現鴕鳥心態，對潛在的壞消息視而不見、面對相反意見時裝作沒聽見。

既然我們有著鴕鳥心態，這種心態甚至可能是某種天性，那麼我們是否能選擇不要和這種天性槓上呢？是否能在理解後，把

它從缺點轉化為優點，把壞鴕鳥改良成好鴕鳥呢？

答案是：可以。正由於人們會忽略與自己固有觀念不相符的資訊，所以很難改變他們已經形成的觀念。事實上，不斷告訴人們「不要相信謠言」反而讓他們記住謠言。為了解決這一問題，心理學家提出一個新方法，他們沒有搬證據、講道理、打擊固有觀念，而是巧妙繞過人們的確認偏誤，直接置入一個新觀念。客觀來看，這些人可能依然持有錯誤觀念、依然對真相拒之門外，但從結果來看，他們做了對的選擇，同時也不必承受被糾正觀念的不愉快。

這帶來一個啟示，就是「真相沒有那麼重要」，我覺得這是對人對己都特別健康的思維方式，我們沒有必要管別人的鴕鳥在幹什麼、忽略了什麼，要知道，如果你把鴕鳥的頭從沙堆裡挖出來，你就會被牠踢。如果你真的希望他人轉變觀念，那麼你要做的只是強調新觀念的好處。「真相並沒有那麼重要」，這樣的概念能幫助我們更好的接納自己，這樣的鴕鳥，才是最好的鴕鳥。

問題思考

1.依據本文,請找出一般大眾跟作者對鴕鳥心態觀點的不同,並
簡述之。

大眾觀點	
作者觀點	

2.依據本文完成表格,比較人跟猴子對「資訊」需求的異同。

項目	猴子	人
相同	大腦普遍喜歡獲取資訊,獲取資訊本身就是一種獎勵	
相異	＿＿＿＿＿＿＿＿＿的事情	
	是獲取資訊的唯一驅動力	不是獲取資訊的唯一驅動力

3.依據本文所述,人在面對資訊時,為什麼會選擇視而不見?請
列點說明。

4.文中提及特別聰明的人「確認偏誤」會特別嚴重，為什麼？請簡述。

┌───┐
│   │
│   │
│   │
│   │
│   │
└───┘

5.閱讀本文後，就你的理解，「確認偏誤」可能會造成以下哪些現象？符合的選項，請打勾。（可複選）

　□　堅守自己的宗教信仰，並到處說「你現在沒辦法接受這個信仰，是因為還沒有感悟到祂給你的愛。」

　□　政治立場相對的人，彼此叫囂，甚至為了捍衛自身觀點大打出手。

　□　只關注與自己觀點相同的社群網站，並且轉發相關訊息。

　□　考試考差後，覺得自己一事無成，這輩子沒救了。

6.依據本文，作者提出哪些把壞鴕鳥轉化成好鴕鳥的方法呢？試以自己的話條列說明。

┌───┐
│   │
│   │
│   │
│   │
│   │
│   │
│   │
│   │
└───┘

7.承上題，以下有三種情境，請勾選符合正確轉化「壞鴕鳥」為「好鴕鳥」的回應。

情境	內容
1	小孩：「作業太難了，媽媽我不會做，你幫我做。」
	☐ 媽媽：「你就是愛逃避。遇到困難，就要積極解決，不要想依賴他人。」
	☐ 媽媽：「那我們一起來看看你的作業，先找簡單的地方開始著手，我們一起嘗試完成這份作業。」
2	太太喝著飲料，抱怨自己肚子上的肥肉。
	☐ 先生說：「寶貝！今天天氣很好，我想跟你去河堤散散步！」
	☐ 先生說：「你還喝！肚子的肉都幾圈了！！！」
3	80歲的父母每次都拿一大塊自製的豆腐乳配稀飯，說：「自己做的最健康。」
	☐ 小孩看見，立馬回應：「剛汆燙好的蔬菜很鮮甜，多吃一點配稀飯！」
	☐ 小孩看見，立馬回應：「爸媽，吃那麼鹹，對身體不好啦！以後少吃點。」

8.依據本文，作者為什麼說「真相沒有那麼重要」，這裡所說的「真相」是什麼？請以自己的話定義並闡述你的看法。

 回顧起錨

　　讀完本文，此時你對鴕鳥心態是否有了不一樣的想法呢？再次回顧定錨問題中自己提出的那件事情，你現在的感受又是什麼呢？如果將來再遇到一次一樣的事，你又會如何使用鴕鳥心態，讓壞鴕鳥變好鴕鳥，協助自己與他人有更良好的溝通互動呢？

自由書寫

行動指南

1. 想一個你與他人互動中，因為確認偏誤而造成的衝突情況。
2. 回想本文轉化鴕鳥心態的方法。
3. 嘗試使用調整過後的心態，與他人互動。
4. 確核你與他人互動的現況，是否更貼近你真實的目的。

 # 延伸閱讀

《列子・說符》疑鄰盜斧

在生活中，人們常不自覺產生偏見。我們應該更注意，別讓確認偏誤綁住你的思維。

文章

 社會對立與確認偏誤

每個人可能都會有確認偏誤，但我們可以更有意識地覺察自己，嘗試改變，減少確認偏誤的發生。

 星座分析真準？認識心理學之確認偏誤

The News Lens 關鍵評論

以星座為例，對確認偏誤的現象提出觀察，並了解這項機制產生的原因。

書籍

《精準決策：哈佛商學院教你繞開大腦的偏誤，不出錯的做出好判斷》

麥斯・貝澤曼、唐・摩爾

盤點人類常見的認知偏誤，不只認識確認偏誤，還可以了解其他種類型，讓你做出更好的判斷。

第08章

一種「慢慢來，比較快」的行事策略

什麼時候慢就是快

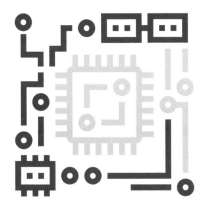

一種「慢慢來，比較快」的行事策略

 單元說明

　　長期繁忙緊湊的生活中，人們容易感到焦慮、緊張、迷茫，因此把節奏放慢是有益身心的，這樣才能欣賞到沿途的風景；適當的休息，才能走更長遠的路。而且「慢」的效果不止如此，它還可以是一種策略。你可以透過「慢策略」獲得種種優勢，甚至可以讓你因此而超越那些喜歡一味追求快速的人，更快地達到自己的目標。

本回目標

1.認識三種「慢」的策略。
2.理解慢策略的優勢。
3.習得如何運用慢策略的優勢達到長期目標。

關鍵字

慢思考、
慢博弈、
慢變量

自我定錨

1. 你認為自己做事情的步調是快還是慢呢？可以從哪些事件看出來呢？

2. 承上題，你認為這種做事步調有助於達成目標嗎？為什麼？

3. 你認為生活中有哪些事情需要放慢速度去做才能更好地達到目標呢？比如哪些事情呢？

自由書寫

什麼時候慢就是快

我是個喜歡追求快速的人，習慣迅速的完成各種任務，可能是因為小時候的工作經驗所致。小時候幾乎每個晚上都需要幫忙父母賣糖水。客人一多，父母就要求我做事再快一些，以近乎跑的速度送給客人。由於工時長，自由時間就很少。因此，做任何事情都要確保行動迅速，這樣才能擠出更多玩耍時間。年復一年，「迅速」成為我做事的主要方式。

這種風格延續到我做三維動畫設計的工作時期。我總是快速地完成工作，可是我的作品質量卻不行。越是加快速度，忽略的設計細節就越多，作品也越難看，還必須花更多時間重做。慢慢的我才意識到，與其一開始迅速的趕工，倒不如放慢速度，停下來思考，哪裡可以做得更好。這時候，我才深切體會到，有些時候，你越是加快速度，就會越遲達到目標；有些時候你需要放慢速度，才能更快速的達到目標。

問題是：到底面對什麼事情要放慢速度，才能更快、更好的達到目標呢？我總結出三個答案：

1.慢思考

在經典心理學書籍《快思慢想》一書裡，作者丹尼爾‧康納曼（Daniel Kahneman）引用雙系統加工理論（Dual process theory），將人的思考模式概括為兩個系統，分別為系統一和系統二。系統一是快速的、自動化的、難以意識到的直覺性思考，稱為「快思考」；系統二則是緩慢的、手動的、有意識的刻意思考，稱為「慢思考」。「快思考」犧牲思考的準確度以提升思考的速度，「慢思考」則是犧牲思考速度來而提升思考的準確度。

康納曼給我們的建議是：在做重大決策時，要小心過度依賴系統一的快速思考，因為那可能會讓我們做出錯誤的、偏見的、非理性的決策。如果你願意慢下來刻意地、仔細地思考，來回地反思系統一產生的觀點與決策，你就能提高決策的準確度，做到更理性地決策。總而言之，慢思考的益處，是讓思考變得理性，這樣的思考能幫助我們更快速地達到我們想要的目標。透過放慢速度，我們變得更快了。

2.慢博弈

如果一家公司能在市場上第一個完成突破創新，這家公司就會擁有佔據大量市場銷售額的優先權，這被稱為先發優勢理論。與之相對的是「後發優勢理論」，指的是比較遲進入市場的後來者能獲得前人所沒有的優勢。

如果先發者獲得成功，後來者就可以直接學習和模仿其成功模式，雖然後來者期望的收益會變得較小，但後來者不需要面對先發者所面臨的不確定性，也不需要付出巨大的成本，而且先發者所做出的努力也能幫助後來者直接獲得現成的潛在消費者。如果先發者遭遇失敗，後發者一樣可從中學習經驗、避開先發者犯下的錯誤，甚至可能成為第一個佔據最大市場銷售額的人，儘管他不是真正的第一個創新者。這樣看來，慢一點進入市場能帶來的好處和優勢還挺多的。

眾所周知，美國先於中國成為發達的國家，產出大量先進技術和設備，中國曾是相對落後的國家，但在過去幾十年，中國大量引進美國的技術和設備，用更少的時間和資源成本迅速提升自身的經濟競爭力，並改善獲得的技術和設備，在相當數量的領域超越美國。

所以，「慢」不一定代表吃虧。事實上，如果你面對的是充滿不確定性、擁有巨大風險的事情，「慢半拍」反而會為你帶來最大的優勢，讓按捺不住的人先行試錯，然後你白拿經驗，用經

驗降低不確定性和風險。在博弈的格局裡，「慢」即是一種戰略選擇。

3.慢變量

我所理解的慢變量，就是那些短期看起來無關緊要，但是會透過長期持續地發揮而產生巨大影響的因素。森林砍伐活動就是慢變量，它所發揮的影響力是緩慢的，所以人們很難在短期內察覺到它，但久而久之會帶來難以補救的「溫室效應」，使得每個人都會深受其害。

既然有慢變量，那就一定有快變量。舉個例子，一家科技公司要達到長期營利並改變世界的目標，是依靠發布新款手機嗎？當然不是，隨著時間推移，新款手機會變成舊手機，失去原來的影響力，所以發布新款手機，是快變量。而慢變量是公司自身的知識和技術底蘊，這個因素會決定公司能不能持續穩定地創造出有影響力的產品。而比公司自身再更慢一些的變量，是全世界的科研底蘊。

總而言之，快變量的影響是一時的，慢變量則是決定你是否能達到長期目標的關鍵因素。這樣看來，如果你有一個想達成的長期目標，那麼達到這個目標的最快方式肯定不是關注時有時無的快變量，而是要關注緩慢地、持續發揮著影響力的一切累積。

問題思考

1.根據本文，能達到長期目標的慢策略有哪三個？試條述之。

2.「慢思考、快思考」指人大腦的兩個思考邏輯系統，並非指思
 考時間的快慢。依據本文，檢視下列選項，慢思考的寫 S，快
 思考的寫 F：

選項內容	你的判斷
消防員能在救災現場循跡找到受困民眾，並於事後判斷出建築物的起火點	
一般大眾遇到火災會緊急用毛巾摀住口鼻、躲在浴室、往高處逃生	
看到討厭的同事，不管是否被看到或對到眼，立刻轉頭就走	
看到討厭的同事，本想轉身離開，但想到還要一起合作企劃案，只好上前寒暄	
停 考駕駛的新手於正式路考時看到此標誌會思索要怎麼做才能停下來且停在正確的地方	
停 二十年駕駛經驗的計程車司機載客時看到此標誌會熟練地停下來	

3.依據本文所述，試利用下表，比較「快思考」和「慢思考」的差異。

項目	快思考	慢思考
思考的特性	快速的、自動化的、_____到的_____思考	緩慢的、手動的、_____的_____思考
思考的準度	_____思考的準確度	_____思考的準確度
思考的影響	錯誤的、_____的、_____的決策	更理性、更快速的達到目標

4.依據本文，「慢博弈」一段曾提及先發優勢的成功或失敗能提供後發優勢者哪些好處呢？請條列說明。

先發者的結果	後發者可獲得的好處
成功	
失敗	

5.承上題，在你的生活見聞中有哪些後發優勢者的例子？請簡要列舉。

6.依據本文，試利用下表比較「慢變量」和「快變量」的差異。

項目	快變量	慢變量
時間持續性	一時	
覺察程度	顯而易見	
影響程度	小	

7.承上題，試舉出一個你的生活見聞的例子，說明你對它的「快變量」和「慢變量」的觀察。

例子	快變量	慢變量

8.你的長期目標是什麼？你會如何運用作者提供的三種慢策略來協助自己達成目標，請任意選擇並簡要說明之。

項目	說明
長期目標	
□慢思考 □慢博弈 □慢變量	

回顧起錨

　　閱讀完本文，針對自己在定錨問題所提出的例子，假如未來你再做一次，你會想要重新調整自己做事情的步調嗎？如果會的話，你又會如何運用作者提供的三個慢策略協助自己更快速、理性、精準地達成目標呢？

自由書寫

行動指南

1.列出一個正在處理或預計未來實行的事情。
2.回想本文三種慢策略。
3.嘗試使用當中的一種或數種策略。
4.確核此事執行的狀況與結果,省察自己是否更理性精準的達到
　目標。

 延伸閱讀

 《商場博弈論的詭計:商場生涯中的博弈策略》

李高鵬(google電子書部分頁面)

電子書

作者於書中透過淺顯易懂的故事、實驗或生活實例,剖析各種博弈論(賽局理論),強調經商者們與市場、同行、顧客之間博弈的高度相關性。這些博弈論的共同點就是:行動之前先審慎思考、分析,即本文所說的「慢博弈」,考慮對手各種可能的行動方案,並力圖選取對自己最為有利或最為合理的方案。因此,懂得善用博弈論的人往往就能大獲全勝。

 《變量:看見中國社會小趨勢》

何帆(豆瓣閱讀平台)

作品

作者認為現今這個時代缺少的不是訊息,而是對訊息的篩選,點出人們對「快變量」的迷戀,導致只看到眼前,看不到全域的普遍現象,以此強調「慢變量」——看起來沒有變化、容易被忽視,但它才是牽引歷史進程的關鍵。

《思考快與慢》，大腦是如何幫助我們做選擇？

影片

影片製作者以原創動畫的形式，介紹諾貝爾經濟學獎得主丹尼爾‧卡尼曼的著作《思考快與慢》。這是一本關於決策和判斷的書，他認為人經常在現實生活中做出非理性決策（即本文中「快思考」的思維邏輯），但事實上人們可以透過刻意練習理性判斷（即本文中「慢思考」的思維邏輯），駕馭自己的思想，對事物做出理性且正確的判斷。

自由書寫

第09章

一種時間管理的觀點

為什麼有限制是一件好事

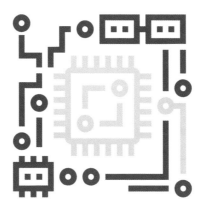

一種時間管理的觀點

 單元說明

  你是否經常希望有更多時間，讓自己可以把事情做得更好？但當真的擁有更多的時間時，我們確實把事情做得更好了嗎？不只是時間，包含經費、人力、物資等各種資源，都可能有類似的情形──缺乏時，無法完成事物；過剩時，未能妥善運用而導致浪費。那麼，在什麼樣的狀況下，可以促使我們更適切地管理時間呢？

  本章的閱讀文本，透過研究說明，當資源有限時，能夠激發更多的創造力，而資源過剩時，反而可能造成浪費。與此同時，也提及時間的管理，並非安排到分秒不差的時間表就是最好的計劃。那什麼樣計劃是好的計劃呢？讓我們一起來思考如何管理時間吧！

本回目標

1.了解限制對於時間管理的影響。
2.認識延展思維在時間管理上的運用。
3.學習規劃適切的時間管理。

關鍵字

延展思維（Stretch thinking）、
錯誤歸因（Fundamental attribution error）、
時間管理（Time management）

自我定錨

1. 你最近一次「應該做但遲遲未展開行動」的事件是什麼？

2. 承上題，你覺得是什麼原因阻礙了你的行動？請試著將各種可能原因條列出來。

3. 現在，請你想一想，這些阻礙行動的原因是否能在短時間內解決？

4. 承上題，對於「短時間」這個詞彙，你剛剛想到的時間是多長呢？

5-1. 如果現在這些阻礙行動的原因消失了，你是否會立刻完成這件事？請說明你的理由。

5-2. 如果這些阻礙行動的原因會持續很長一段時間，你要如何完成這件事？請說明你的具體作法。

6. 你認為一個人所擁有的資源（例如時間、經費），是否會與他能完成的事項與品質成正比呢？

自由書寫

為什麼有限制是一件好事

你是否有過這樣的經驗？當早上起床刷牙時，如果牙膏還很充足，你就會在牙刷上擠出相當分量的牙膏。而當牙膏就快沒了的時候，你就會使出比平時更大的力氣去擠牙膏，哪怕擠出只有一兩粒花生般大小的牙膏分量，你也會心滿意足的開始刷牙。

「牙膏就快沒了」這一項限制，讓我們自然而然、毫不費力的做出了「節約」的行為。反觀在牙膏充足時，我們就很可能會擠出多於自己所需的牙膏。更糟糕的是，我們會對這種資源充足時不經意的「資源浪費」，絲毫不自覺。

• 更多的資源 ≠ 更好的結果

管理學教授史考特・索南辛（Scott Sonenshein）在他的著作《讓「少」變成「巧」》裡提到了哈佛商學院的一項研究：在一家公司裡，要怎樣的資源分配方式，才能讓部門作出最大的經濟效益改進？這裡所謂的經濟效益改進，指的是每年是否節約了更多的成本，或促成了更大的交易額增長。

研究結果發現，給部門一定量的多餘資源，是有助於促進部門做出改進的，因為這可以讓部門經理擁有實驗的自由。但資料結果還存在一個重要的轉折點──如果你給某個部門過多的資源時，這些擁有太多額外資源的部門，會變得不大可能做出改進。甚至，擁有最多額外資源的部門，和根本沒有多餘資源的部門所取得的改進結果一樣差。

這是因為當擁有豐富的資源時，人們就會想方設法用掉這些資源，哪怕並沒有什麼合理的理由。甚至有些時候，太多資源會削弱個體的鬥志，因為時間充足，所以怠慢；因為資源充足，所以不去動腦筋思考真正合理使用資源的方式。

怎樣才能更好地利用資源呢？關鍵在「延展思維（Stretch thinking）」。

以時間限制為例，無論是想完成課業、完成工作，還是達到理想目標，如果你沒有設定時間限制，那麼這些事情就可能永遠都無法完成，你會一再拖延，直到該事項被遺忘。我想每個人都有這樣的體會。

延展思維（Stretch thinking）

延展思維，指的是將眼前的資源，延展到更大的用途、達到更多的產出上。

比方說，當你被要求以麵團覆蓋整個桌面時，如果你擁有許多的麵團，你可能會為了省事，把所有的麵團直接倒在桌子上。而延展思維，就是只拿出一點點的麵團，然後想辦法將麵團揉平，盡可能用越少的麵團讓整個桌面被覆蓋。

換言之，延展思維就是要想出「利用資源的最佳方法」。如果個體被某些條件、資源限制時，通常就會做出更好的成績。

但如果你有時間限制，無論是自己或他人設定的，你都有更大的可能性完成這項任務。你甚至會認真規劃自己的時間表，思索能更充分利用時間完成任務的方法。就算你一開始會因為時間還充足而一再拖延，但只要最後期限就快到了，你的辦事速度就會忽然暴增。

你也可以試著想像，如果有一天，每個人都變得長生不死，那麼大多數人都會盡情揮霍時間。而如果你想像自己還有一個月的生命，那麼你則會想要趕快去完成重要的事情。

你可以感受到，時間限制所帶來的心態改變，是很本能、很自然而然地——只要有一定程度的「限制」，那麼人們就很可能會展現出延展思維，積極地尋找調度資源的最佳方法。

・適當的限制，帶來最大的力量

　　現在，我們知道過多的資源會造成浪費的行為，也理解「有限制」能帶來好處。那麼，是不是越嚴格的限制，帶來的效果就越好呢？

　　三位心理學家柯深邦（Kirschenbaum）、韓福瑞（Humphrey）與馬立特（Malett）招募了一群大學生進行實驗。他們為這些學生設計了一個短期課程，以增進其讀書效率。

　　學生隨機分成三組，「每月計劃組」的學生，必須擬定目標和訂立長達一個月的讀書計畫，「每日計劃組」的學生則必須每日訂立讀書目標和計畫，「無計劃組」的學生則無需制定目標和計劃。

　　你認為這三組學生裡，哪一組學生會花最多的時間閱讀呢？

　　研究結果顯示，「每日計劃」的學生和「無計劃」的學生，每週平均只花十五小時左右讀書。而每月計劃的學生每週平均花二十五個小時讀書，到了為期十週的課程接近尾聲時，甚至願意花再多一點的時間。

　　研究人員之後繼續進行長達一年的追蹤，發現月計劃組的學生成績表現大有進步，沒有計劃的學生沒有進步，至於日計劃組的學生成績則退步了。

　　我們可以理解「無計劃」會帶來比較糟糕的結果。但是，為什麼在限制過度苛刻時，也同樣會帶來比較糟糕的結果呢？

　　直覺告訴我們，當我們給自己更苛刻的限制、更大的挑戰，應該能讓我們產生破釜沉舟、背水一戰的激勵作用，應該能激發更多動力去完成任務才對。事實也的確如此，更苛刻地限制的確能帶來更大的動力，但這效果是暫時性的。

　　其實，讀書計劃的那項實驗，還有一個細節我沒說：日計劃組的學生在剛開始時，其實是挺用功的，他們每週平均讀了二十

個小時。但到了後期，讀書時間卻下降到了每週只花八個小時。

這到底是怎麼回事？

剛開始時，日計劃組的學生認為自己是個能完成計劃的人，而且他們也很有動力去完成。但當日常中突如其來的事件攪亂了計劃之後，由於當天的計劃失敗，他們就會產生某種錯誤歸因（Fundamental attribution error），諸如「我其實是個完成不了計劃的人」，或者乾脆抱怨「這個計劃根本不可能成功」。一旦有了這樣的認識，他們的動力就會每況愈下、喪失鬥志，變得心灰意冷。

> **錯誤歸因**（Fundamental attribution error）
>
> 也稱為「基本歸因謬誤」。是指人們在評估他人的行為時，即使有充分的證據支持，但仍總是傾向於高估內部或個人因素的影響，而非外在情境因素。例如老闆會將業務進行不順利歸因於員工的不努力，而忘了分析業務執行時的外在阻力。

每個人都想要有更多資源、都希望能擁有更好的條件。這很正常，但是，只有意識到自己無法擁有全部，我們才能真正地擁有一些事情。因此，我們應該適當地給自己一些限制，但當心不要過度地限制自己，否則會把自己鎖死，那會和沒有限制的情況一樣糟糕。

> **時間管理**（Time management）
>
> 「時間管理」並非指對時間進行控管，而是在有限的時間內對自己的期程管理作最有效的運用，包含決定事務的優先級，並降低突發變動性，以及透過事前的規劃安排，讓身體能進入適合的工作狀態，並給予獎勵以驅動目標前進。

 問題思考

1. 文中提及部門的資源過度充裕、有所限制與過度缺乏時，分別可能產生什麼結果？

資源多寡	過度充裕	有所限制	過度缺乏
產生結果			

2. 承上題，當時間有所限制的時候，可能會促使我們完成一項任務，而沒有時間限制時，可能導致一項任務遲遲無法完成。請你在上述兩種情況中選擇一種，從自身經驗中舉例加以說明。

情況	□時間有所限制時，可能會促使我們完成一項任務 □沒有時間限制時，可能導致一項任務遲遲無法完成
個人經驗	

3.在讀書計畫的實驗中，我們想要知道計畫越嚴格，是否會有越好的成果？請你依據實驗的設計與結果，完成下表。

組別	每日計畫組	每月計畫組	無計畫組
計畫的 時間單位			
計畫嚴格度	□嚴格 □中等 □寬鬆	□嚴格 □中等 □寬鬆	□嚴格 □中等 □寬鬆
每周平均 讀書時間	小時	小時	小時
一年後的 成績表現			
結論	從實驗可以得知，當計畫越嚴格時， □會□不一定會　有越好的成果。		

4.文中提及每日計畫組的學生導致這樣結果的兩大原因，請你完成下列表格。

讀書時間 變化	初期每週_____小時→後期每週_____小時
原因	1.日常中突如其來的事件攪亂了計劃。 2.產生某種錯誤歸因，動力就會每況愈下、喪失鬥志，變得心灰意冷。
你是否認同 這種觀點	□認同□不認同 因為：

5.假設你擁有可以自由運用的時間只有五小時,請問你會安排完成哪些事?請條列寫出事項以及預計所需的時間。

6.承上題,請問你選擇上述事項的原因是什麼?試簡述之。

7.承上題,如果沒有五小時的限制,你原先花多少時間完成這些事項?

回顧起錨

回顧定錨問題——一個人所擁有的資源，會與他完成的事項與品質成正比嗎？當時間有所限制，對於我們完成任務是否有正面的效益呢？試闡述你的想法。

行動指南

為自己安排每月計畫：

1.先列出五項這個月你想完成的事情。

2.預估每項事情可能所需的時間。

3.將這五項事情分別安排在這個月自己可以運用的時間表中。

4.請再檢視一遍，安排的時間是否足夠完成這五項事情？

5.把這五件事當作重要的事情，優先去完成吧！

自由書寫

延伸閱讀

限制催生創新：一個擊敗冰箱的非洲「罐中罐」

本篇文章展示在限制條件下所發展出的驚人創意，原來創新，特別是社會創新，重要的不是「缺什麼」，而是「有什麼」，因地制宜，將尋常之物做出不尋常之用。

子彈思考整理術：忙≠有效率！減少決策，才能做出好決策

本篇文章說明寫筆記背後的思考方法學，讓你更能專注在最重要的事，設計想要的人生。

如何培養我們的創造力？哪些條件能激發或阻礙創造力？

本篇文章說明史考特‧索南辛對於延展思維的觀點，並舉出激發創造力的方法。

資源越多、你不會越成功！
《讓「少」變成「巧」》

影片講述史考特‧索南辛《讓「少」變成「巧」》一書中，關於「延展思維」的核心內容。

電子書

影片

第10章

一套「培養習慣」的思想與方法

一個習慣到底是怎樣形成的呢

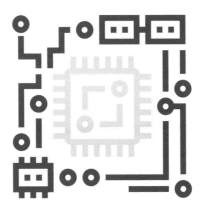

一套「培養習慣」的思想與方法

 單元說明

    日常生活中，我們不知不覺地會形成一些習慣，即使我們都希望透過建立一些好的習慣，如：運用番茄鐘、定時作筆記，來幫助我們提高學習的效率，或透過一些規律的作息，如：固定運動頻率、定時定量用餐，來讓我們擁有更好的生活樣貌；然而，我們常常會發現，壞習慣容易養成，想要建立的好習慣卻總是難上加難，到底為什麼會這樣呢？讓我們藉由了解建立習慣的四個步驟來找出影響的關鍵吧！

本回目標

1.了解習慣是如何形成。
2.能知道如何建立新習慣的方法。
3.能解決建立新習慣時遇到的困難。

關鍵字

執行意圖（Implementation intentions）、
喜好綁定（Preference binding）、
換框思考（Reframing thinking）、
心流（Flow）、
提示（Cue）、
渴望（Craving）、
反應（Response）、
獎勵（Reward）、
習慣（Habit）

自我定錨

1.談到習慣，你第一個想到的自身生活習慣是什麼？

2.承上題，這個生活習慣從何時開始？如何形成的？

3.要養成一個新習慣的時候，你會怎麼做？

4.你有曾經努力卻沒有養成的習慣嗎？舉個例子並說明為什麼沒有養成？

5.你有不想養成卻形成的習慣嗎？舉個例子並說明為什麼它會形成？

自由書寫

一個習慣到底是怎樣形成的呢？

作家詹姆斯・科利爾（James Clear）的著作《原子習慣》中，把習慣的形成總結成四個步驟：提示、渴望、反應、獎勵。

現在，我們試著來培養一個新的習慣——每天跑步：

1.提示（Cue）

就像聽到薯片被咬碎的清脆聲響，大腦就等於接收到了「吃薯片」的提示一樣，你看到一雙跑步鞋的時候，也會等於接收到「跑步」的提示，並展開了關於跑步的聯想。

在理想的世界裡，第一次跑步會像第一次吃薯片那樣，過程充滿著滿足感，並讓你在第一次跑步之後，就形成強烈的渴望，進入習慣形成的正反饋。遺憾的是，跑步在一開始的時候是痛苦的，這時，如果你看到跑步鞋，你的大腦接收到了「跑步」的提示，你也只會聯想到痛苦，並產生逃避。

透過自身的意志力，去迫使自己堅持跑步，可能對一些人有用，但大多數時候，這個方法可能會讓跑步變得加倍痛苦。

心理學家彼得・戈爾維策（Peter Gollwitzer）則提出了一個更好的方法，運用了「執行意圖（Implementation intention）」的心理技巧，它能讓人們產生行動的可能性變成兩倍，甚至能幫助人們戒菸和減肥，還能減少意志力的消耗，把行為自動化，加速良好習慣的形成。

首先使用「如果……就……」（If……then……）的方式來制定跑步計劃。例如，你可以對自己說：「如果到了晚上九點，我就到公園跑步十五分鐘。」最好能大聲的重複這一個句子三次，就算是完成執行意圖了。

執行意圖（Implementation Intentions）
1.使用「如果……就……」（If……then……）句型。
2.描述清楚具體的條件，如時間、地點、行動。
3.最好能大聲的重複這一個句子三次。
4.每一天都花一分鐘時間做一次，效果更好、更持久。

要注意的是，在執行意圖裡面，描述清楚具體的條件。在跑步的例子中，就包含了具體的時間（晚上九點）、地點（公園）和行動（跑步十五分鐘）這三個資訊。

最後，執行意圖不是一次使用就終身有效的，如果你能每一天都花一分鐘時間做執行意圖，它的效果會更好、更持久。

2.渴望（Craving）

當你看到薯片的時候，你產生了想吃的渴望，而接下來的行為反應就是自然而然的。同樣的，如果你能夠看到跑步鞋，就產生跑步的渴望的話，那麼跑步的習慣就等於成功了八成了。

要做到這一點，就要懂得把跑步和你的喜好進行綁定。

例如，如果你很喜歡聽有聲小說，那麼你就可以讓自己在跑步的時候，同時聽有聲小說，這能讓跑步變得更愉快、更容易堅持下去。如果你能限制自己，只有在跑步的時候才能聽小說，那效果就更好。以後，當你看到跑步鞋的時候，你就會聯想到還有小說還沒聽完，而你想要聽完小說的話，那就必須去跑步。這樣一來，強烈的渴望就形成了。

另外一個技巧能增加習慣的吸引力，就是進行換框思考（Reframing thinking）。比如說，當你看到跑步鞋的時候，要有意識地讓自己把注意力放在跑完步的滿足感，在心裡告訴自己「我很想要跑步」，這樣做就能提升你對跑步的渴望。

換框思考（Reframing thinking）

換框思考指的是藉由框架的轉換來改變自己的思考方式，一般而言有兩種：其一是情境的換框，其二是語境的換框

一、情境的換框：透過加入時間、地點、人物來轉換思考

　　1.總是買了很多書但都還沒有時間讀完。

　　——上週買了太多書，這週忙碌還沒有時間讀完？也許可以利用
　　　　悠閒的週日來閱讀。

　　2.家人身體不好總是令人擔心。

　　——最近80歲的阿公身體不太好，常進出醫院看病，使我擔心

二、語境的換框：透過訊息的主觀轉客觀、負向轉正向、直述句轉問句
　　來轉換思考

　　1.不想做事情，只想耍廢。

　　——我目前不想要做工作相關的事，只想放空或做自己想做的事

　　2.最近睡不飽，好累。

　　——我這個禮拜每天只睡五小時，覺得精神不濟，我要如何才能
　　　　睡飽一些？

3.反應（Response）

當你看到了薯片，產生了想吃的渴望，然後很自然的把薯片放在嘴裡，這是因為對你的大腦來說，薯片帶來的滿足感和營養是一個很大的收益。你走向薯片，拿起薯片放進嘴裡的這些動作，都會消耗你的能量，但吃薯片需要消耗的能量很少很少。

但是跑步是很消耗能量的，因此當你要做這件事情的時候，大腦會覺得這些事情要花費太多能量了，或者這些動作本身太難了，那麼大腦就很可能會為你編造一些藉口，讓你不去跑步。

因為人類有著節省能量的天性，或者難聽一點的說，就是人類有著懶惰的天性。因此，如果你要培養跑步的習慣，那麼你就要想辦法讓大腦覺得跑步是一件容易的事情。

具體來說，你可以在剛開始培養習慣的第一天，讓自己穿著跑步鞋，在公園散步五分鐘，然後回家。在剛開始的時候，讓自己體驗到，自己能很輕鬆的完成習慣是很重要的。

只有當你建立起了起碼的習慣，那麼跑步這件事情你就會越做越好，你的體能會慢慢得到提升，最終，跑一個小時對你來說不再是令你感到辛苦的事情了。

容易做的事情，才容易成為習慣。

4.獎勵（Reward）

當你看到了薯片，產生了想吃的渴望，你把薯片放在嘴裡細細品嚐，這時你大腦就感覺到被獎勵了，你吃薯片的習慣因而得到加強。而如果你吃的是一個好吃的新口味，你被獎勵程度就越大，而吃薯片的習慣也會得到更大的強化。

在習慣形成的四個步驟裡，獎勵是最最關鍵的一步。獎勵沒有做好，習慣就不會形成。沒有人喜歡徒勞無功，沒有人會願意做沒有收穫的事情。

那麼，怎樣的獎勵才是最好的呢？

最理想的情況是，能夠不斷地在一項習慣裡感受到樂趣，持續地體驗到滿足感，這樣習慣就能盡可能地一直持續下去。

而據我所知，能做到這一點的方法只有一個，那就是 —— 進入心流（Flow）渠道。

心流（Flow）

心流是一個人完全專注於一件事的一種狀態，當心流發生時，身體會自動運轉，完全不會注意到時間的流逝和周遭的事物，並且會產生高度的滿足感、成就感等正面情緒。

要達到心流的步驟：

1.明確的目標：設定一個略高於自身能力可達成的目標。

2.即時的回饋：讓自己馬上就可以知道自己是做對還是做錯了。

3.要排除外界的干擾：讓自己更快進入心流且不易被打斷。

4.要持續設立新的挑戰：不斷設立舒適圈外的目標以求持續成長。

具體來說，就是你要為自己的習慣，設定一個有點難度的挑戰，這個挑戰足以引起你的專注力，讓你進入心流，並且能在挑戰成功後，產生滿足感、成就感。

同樣是以跑步為例，如果你這個星期成功的跑了二十分鐘，那麼你下個星期就應該挑戰二十五分鐘。否則，跑步二十分鐘這一個習慣，很快就會變得無趣、變得像例行公事，最終，你會不再想要跑步。

在培養習慣的時候，大多數人最大的盲點，就是把習慣看成是達成目標的一種手段，以為自己能像機器人那樣，能堅持一個不能讓人感到有趣的習慣。

而正確培養習慣的思維，是一開始就把習慣當作是目標。你是為了能每天跑步，才培養跑步的習慣。在這過程中，你的樂趣來自越跑越快的雙腿，你的獎勵來自越來越遠的終點。在這過程中，你的滿足來自一次又一次的沉浸體驗，你的獎勵來自越來越豐盛的成長。

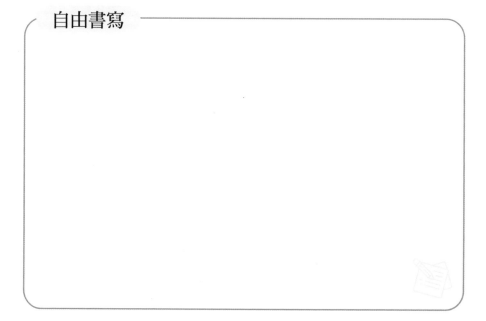

自由書寫

問題思考

1.請從下列選項中，勾選出本篇文章中提到的「形成習慣的四個步驟」。

　□苦練　　　□渴望　　　□獎勵　　　□懲罰
　□反應　　　□警告　　　□提示　　　□意志力

2.承上題，你認為這四個步驟的先後次序能否調整？為什麼？試簡述之。

3.依照本文的建議，如果想要培養每日閱讀的習慣，依序會有哪些做法？試條列之。

4.閱讀本文之後，請回頭思考，一個習慣難以建立是因為遇到了
什麼困難？請就自己的生活經驗舉例說明。

5.承上題，請運用本文中提到的一些小訣竅：執行意圖、喜好綁
定、換框思考、心流渠道等等，就著你所遇到的困難提出相應
的解決辦法。

困難	解決訣竅	具體辦法
	□執行意圖 □喜好綁定 □換框思考 □心流渠道	

 **回顧起錨**

　　回顧定錨問題，你此刻是否有一些新的切入觀點？如果你有想要戒除的壞習慣或是有想要養成的好習慣，下一步，你計劃怎麼做？

┌─ 自由書寫 ─────────────────────┐
│   │
│   │
│   │
│   │
│   │
│   │
│   │
│   │
│   │
│   │
│   │
│   │
│   │
│   │
└────────────────────────────────┘

行動指南

1. 想好一個你希望能培養的習慣。
2. 試檢驗你的習慣本身是否能成為你想達到的目標。
3. 回想本文的四大步驟，分別條列你現在可以做的具體行動。
4. 每週檢核自己的現況是否更貼近原本預想的目標，如果不如預期，再回頭思考文中所提及的方式可以如何運用。

 ## 延伸閱讀

「知之者不如好之者，好知者不如樂之者。」

《論語》

此則《論語》正好能呈現一個習慣養成的過程，從「知道」該怎麼做，到「喜歡」這樣做，最後進入心流，把目標當作獎勵，進而「以之為樂」，沉浸在其中，一個新的習慣就這樣養成了。

文章

 怎麼做，才叫做刻意練習？關鍵不是你努力試了幾次！

2018-01-29《經理人》

這篇文章中提及了一些具體可行的操作方法，有些是本篇文章中提到過的，可以互相參照；有些是本篇文章沒有提到的，可以用來相互補充。

影片

 全球「瘋行」的習慣改造指南——為什麼我們這樣生活，那樣工作？

這部影片中提及了習慣養成的三個步驟，和本篇文章的內容互有異同，可作比較；且講者近一步地觀察每個步驟中會導致自己形成這個習慣的原因和自己背後的需求，成功地改變了自己的習慣。

第11章

一種巧妙克服拖延的應對

行動力

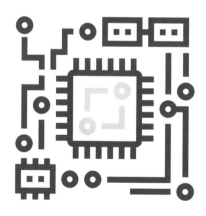

一種巧妙克服拖延的應對

　　很多人都可能有拖延的症狀，卻苦於不知如何改善，更可能因為正面迎擊拖延而導致陷入痛苦之中，但強大的壓力與內疚感反而更使我們一拖再拖。你知道嗎？容易拖延的人，往往不是真正懶惰的人，反而是積極上進的人。唯有正確地認識拖延，才能深入地了解拖延的原因，進而找出巧妙應對拖延的好方法。

本回目標

1.認識拖延是一個社會現象。
2.了解拖延症狀的可能原因。
3.找出巧妙應對拖延的方法。

關鍵字

拖延（Procrastination）、
深度工作（Deep work）、
結構化拖延（Structured procrastination）

自我定錨

1.你自己或身邊有人是否有拖延的毛病？

2.承上題，你覺得這樣的拖延是如何產生的？

3.你有曾經因自己或他人拖延而痛苦的經驗嗎？

4.如果想改掉拖延的毛病，你會怎麼做？

5.你有成功改變過往拖延的經驗嗎？是採取什麼樣的方法呢？

自由書寫

行動力

我雖早已有拖延的毛病，但也有一套應付拖延的方法，所以能在追求目標的時候，展現出有行動力的一面。

・人們拖延的原因到底是什麼？

我們都聽說過「拖延症」這一詞，但拖延真的能算作是一種病嗎？

但在心理學裡，拖延症嚴格來說並不能算作是一種病。這有兩個原因，一來是大部分的拖延，都還沒嚴重到能當作是「病」的程度，二來是因為拖延行為更多的是一種「症狀」，它可能反映潛在的心理問題，但這個行為本身不能算作是病。

大多數人的拖延行為，其實更多是一個社會現象，而不是來自心理問題。當我們感覺自己沒有好好利用時間時，我們會產生更大的內疚感，並責怪自己拖延。

真正有上進心的人，才會覺得自己有拖延症。他們覺得應該去完成某件事情，也為此而努力過，但就是無法有效率行動，所以因此而感到內疚。反之，真正懶惰的人打從一開始就沒有意願去做什麼事情，他們並不是在拖延，而是完全不打算行動。

我們的心中住著兩個不同的自我，一個是理想的自我，一個是現實的自我。理想的自我，做事總是專注又全力以赴，永遠不會累；現實的自我，則總會有一些鬆懈，總會被一些誘惑帶走注意力，總會有衝勁不足的時候。這兩種自我一比較，就會覺得自己做得不夠好，覺得自己有拖延症。

當然，除了我們自己的主觀感知因素之外，還有許多其他的因素都會導致拖延的行為。

有些人的拖延是因為抵抗不住誘惑；有些人的拖延是來自壓力，太大的壓力，卻會引發逃避心理；有些人的拖延是來自及時享樂，雖然知道應該刻苦學習、延遲滿足，以獲得更好的未來，但我們會為了現在的愉悅而放棄未來的成就；有些人的拖延是因為完美主義，而完美主義分成兩種，第一種是想要「做好完美的準備」，第二種是想要「完美地完成事情」。

而接下來的問題是：面對種種的拖延和原因，我們到底要如何去應對呢？

· 正面攻擊，還是巧妙應對？

首先，如果你是因為心理問題而產生嚴重的拖延，那麼應該向專業人士諮詢。而如果覺得自己屬於「社會現象」那一類的拖延，那麼據我所知，至少有兩類方法可以幫助你巧妙應對。

第一類方法是，把注意力從「改善拖延」的身上轉移到「提升行動力」。

巧妙應對延的關鍵是：不要把專注力放在「自己有沒有拖延」，而是要聚焦在「如何行動」上——改善拖延的本質其實就是獲得行動力。

我認為能幫助改善拖延，提高行動力的步驟有三：

1.拆解任務

拆解任務就是把一個重大目標，切割成多個小目標。小目標比大目標更容易完成，這一來能獲得小小的成就感，有了持續的動力，二來是小目標不會帶來太大的心理壓力，不會讓人感到恐懼和逃避，三來是小目標降低了完美主義的難度。

2.建立深度工作的時間

前面提到導致拖延的因素之一，就是出現誘惑和分心，讓自己無分心地專注工作，最有效的方法之一，就是每一天設定一個固定的「深度工作時間」。有研究指出，最適合處理複雜、高難

度任務的時間點就是在早上，也可以搭配執行意圖來幫助提升行動力，例如，你可以對著自己大聲說，「如果現在是早上八點，我就開始進入深度工作」，重複三遍。

3.將行動培養成習慣

克服拖延的最好方法就是培養習慣。一旦形成了習慣，那麼相應的行動就會變得自然而然。如果有一件事情能讓你覺得很有趣，你還會不會拖延著不行動呢？而想要讓手頭上的目標變得有趣，最便捷的方法就是喜好綁定。如果能把喜歡的事情結合在深度工作時間裡，那麼深度工作時間就會變得更有吸引力。

面對拖延，我首先推薦上述這一類方法。但如果你嘗試過後覺得不適合，那麼不妨嘗試第二類方法，也就是「擁抱拖延」。

在現實生活裡，不是所有的拖延都適合透過剛才提到的方法去應對的，剛才的論述其實隱藏著一個假設，那就是拖延的目標是理想、職業目標等等，這些通常都是本來就有驅動力要完成的事情。

而如果有那些不如夢想那麼重要，又不像雜務家務那麼不重要的事情──或者說是不想做但應該做的事情，面對這些事情一拖再拖，而且也沒有動力去做，那該怎麼辦呢？

面對這些不想做卻又不得不做的事，史丹佛大學哲學系教授約翰・佩里（John Perry）巧妙地運用了拖延的心理，提出了一個很有意思的解決方法──結構化拖延（Structured procrastination）。

這個方法的操作步驟很簡單：

首先，你要列出一個「優先順序清單」，把看起來最緊急、最重要的事排在最前頭，把其他不緊急但也值得你去做、你覺得應該去做的事排在其後。這樣，你就會為了避開不做清單前面幾項任務，而變得很有幹勁、很高效率地去完成清單後面多數的其他任務。

我覺得這一個看待拖延的角度很聰明，它不要求我們利用意志力去抵抗拖延行為，也不要求利用內疚感來驅動行動，而是選擇了擁抱拖延，並利用拖延的心理產生新的行動力——因為想要拖延，反而得以行動。

 問題思考

1.請從下列選項中，勾選出本篇文章中提到的「拖延的原因」：

　　□　做不喜歡的事　　□　及時享樂　　　□　容易放棄
　　□　壓力　　　　　　□　抵抗不住誘惑　□　逃避
　　□　完美主義　　　　□　刻苦學習

2.承上題，你認為這些拖延的原因是否容易應對？為什麼？試簡述之。

3.依照本文的建議，如果想要改善拖延，可以用哪兩類方法？試利用下表整理之。

	A	B
目標	提高行動力	
方法		結構化拖延

4.承上題，想一想為什麼這兩類作法可以改善拖延？試用自己的
話簡述之。

5.閱讀本文之後，請就自己的生活經驗思考拖延的原因，並運用
本文中提供的策略，具體舉例你如何應對。

拖延 經驗	
拖延 原因	
解決 策略	
具體 辦法	

 **回顧起錨**

　　回顧定錨問題，面對生活中常見的拖延狀況，你是否已經能清楚地釐清原因並幫助自己改正？同時也可以想一想，如果要協助他人改善拖延，還可以使用哪一些方式？

　　自由書寫

行動指南

1. 設定一個你希望能改善的拖延困擾。
2. 承上題，試思考如何形成習慣改善拖延。
3. 回想本文提供的策略，條列你現在可以做的具體行動。
4. 每週檢核自己的現況是否更改善原先的困擾，如果不是的話，
   請回頭思考文中所提及的方式可以如何運用。

 延伸閱讀

影片

 【TED】拖延大師解析「拖延症」這件事

講者解析拖延者的大腦系統時存在「及時享樂」、「理性決策」兩
種角色，相互平衡或衝突，當期限將至，便會出現恐慌來制衡。但
沒有期限的長期恐慌便無法有恐慌制衡，會使人陷入不快樂及悔
恨。講者認為沒有人是不拖延者，必須思考拖延的原因，並且意識
到大腦裡想及時行樂的存在。

 拖延症患者救星！理科太太分享高生產力方法

這部影片中提及了如何利用Rule of three提高自己的生產力，規劃每
年每月每周每日的三件重要待事項。同時有些方法與本篇文章的內
容部分相同，也有提出其他方法，可作參考，例如依個體差異找出
自己生產力最佳的時間，在工作時利用軟體鎖住常逛的網站，或是
思考拖延的背後原因，對症下藥等。

文章

終結拖延症——行動勝於迴避，完成勝於完美

這篇文章中提及了一些具體可行的操作方法，有些是本篇文章中提到過的，可以互相參照；有些是本篇文章沒有提到的，可以用來相互補充。

《拖延心理學：為什麼我老是愛拖延？是與生俱來的壞習慣，還是身不由己？》

書籍

這本書探索拖延的心理，找出無法及時完成事務的真正原因，像是對失敗的恐懼等，以實用課程，教人如何達成目標、時間管理及面對壓力，進而克服拖延。

自由書寫

自由書寫

第12章

一種有效學習的關鍵

思考如何思考

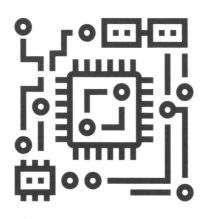

一種有效學習的關鍵

 單元說明

　　你曾思考過自己是如何思考的嗎？學習一定要思考嗎？不思考的學習又會怎麼樣呢？有什麼好方法可以幫助我們持續不斷地運思呢？本篇文章透過對「思考」的探討，說明學習與思考的關聯，同時提供催生思考的有效方式，讓我們能夠更有意識去覺察思考，進而促成自我的進化。

本回目標

1.了解「思考」與「元認知」的定義。
2.能知道思考、行為與生活的關聯。
3.能認識催生思考的有效方式。
4.能有意識地察覺思考、刻意練習進化自身。

關鍵字

思維（Thinking）、
元認知（Metacognition）、
回憶（Recall）

自我定錨

1.生活中，什麼時候最常需要思考？

2.承上題，從事哪些行為不需要思考？

3.你認為學習跟思考有關聯嗎？

4.在學習上，你有哪些慣性的思考方式呢？

5.你會透過哪些方法來幫助自己思考呢？

自由書寫

思考如何思考

隨著時代推進，創新教育迭起，知識的授予與習得都變成一件唾手可得的事，教育方式有了改變，以學生為本位的理念成為主流。我走上了提問教學之路，希望用問題來促成學生思考。一次，在課堂上給出問題要孩子們討論，其中一個孩子聽到要想一想，立馬放下筆，直接趴在桌上。

「怎麼啦？為什麼不跟他們一起思考？」我問。

「人為什麼要思考？」

孩子回答時雙眼澄澈透明，語氣懶散但堅定無比。作為一個教師，比起因孩子的回應而憤怒，更詫異於他怎麼會問這樣的問題。這孩子是認真的，他不知道為什麼人需要思考。如我們對生活中的感知，不外乎是吃飯、追劇、聊天……，一切似乎不經思考也可以順利運作；更不用說有能力思考的學生，老實地在課後提出：「思考確實讓我有更多元的視角，但思考好累，人一定要思考嗎？」

於是，某次開讀書會的時候，換我們一群老師們圍在一起思考：孩子，你為什麼不思考？

這恐怕要從「思考」是什麼開始談起。

思考（Thinking），又稱思維，指的是「運思的迴路」，普遍被認為是高階的心理活動形式，是人腦對於認知的處理過程，我們可以想像它就是在大腦中開展的一條道路。學會思考，就是學會開展一種運思路徑，習得越多的運思路徑，就等於擁有越多的思維模型，這會讓我們得以拓展更廣闊的視野；而不經思考的學習，只是零星記憶道路兩旁的風景，終究無法踏上自己的成長之旅。

思考迴路在日常的具體呈現，形成了「生活」。比方說，當我們的腦中擁有「無限遊戲」的思維模式，那麼生活裡面對競賽時，就不會輕易認為結果高於一切，也不輕易地因一時的結果陷入對自我的評判，相反地，更能將競賽結果視為新的起點，興味盎然地繼續玩下去。可見有意識的改變思維，就能促成行為的改變，進而讓原有的生活有新的變化。

所以，為什麼要思考？

或許我們可以想一想，不思考會怎麼樣呢？

當我們的學習不帶有思考，就像照謄筆記的孩子，每一個動作都做到位了，在「知其然，而不知其所以然」的情況下，恐怕只能複製他人的思考成果，複製他人應對生活的模式，將這些成果與模式的原樣照搬到自己的生活中，就像是背誦他人的解答來填寫自己的考卷，既無法通透理解眼前的問題，也無法確實解決自身的難題。唯獨我們的學習帶有思考，在「知其所以然」的情境下，學會各種多元思考方式來應對變動的未來，才能開創屬於自己的生活，讓學習促成「自我進化」。

這種對於自身認知進行再思考的策略，即是所謂的「發展元認知」。「元認知」（Metacognition），又名「後設認知」，由美國心理學家佛拉維爾所提出，一般被認為是「認知的認知」（Cognition about cognition）、「思考的思考」（Thinking about thinking），指的是一個人對於自身認知歷程的理解、覺察與監控，同時也被認為是「學會學習」的重要策略之一。

要怎麼樣幫助自我更好地發展元認知呢？除了閱讀足以增進思考能力的文章之外，還有一個非常簡單、誰都能上手的方式，可以快速幫助我們在學習的時候進入這種「思考的思考」，那便是──「提問」。

無論生活中發生什麼事，只要不斷地自我追問，無論是問「What」、「Why」、還是「How」，如：「發生了什麼？」、

「為什麼會這樣？」、「如何更好地處理這樣的問題？」……，當經驗經過反思後，會產生更大的意義。

閱讀文章時，哪怕是一則談論思考的篇章，如果只是順讀文句，不加以思索，那麼還是容易淪為「複製他人思考的結果」。倘若在閱讀他人的文章時，也能懷著問題意識，不斷提問：「文章核心是什麼？」、「為什麼作者會這樣想？」、「我要如何建立自己的論述？」……，這麼一來，每一次閱讀，都是閱讀作者「思考的形狀」。

許多人會擔心，怎樣的提問是「好的問題」？以及擔心「我又不知道答案」。但其實，只需要「提問」，就能自然地回憶（Recall）經驗內容、調度認知、促成大腦思考，幫助高效學習。當我們開始對於內容不再是不假思索的吸收，而能有另一種探問，那自然會進到「後設思考」。即便我們不知道解答，只要對於問題有所覺察，自然會在學習的路上慢慢地有意識去尋求解答。而這個探究的過程，也就成為我們成長的歷程。元認知的建立，便可以在「對於自我思路的叩問」、「對於他人思路的再思考」上，有更進一步的發展。

行文至此，想必聰明的讀者已經發覺了本書最大的祕密了——本書編排的方式，是依著「建立元認知」的脈絡來撰寫的。每章回的編排，會先以「單元說明」、「自我定錨」概覽大要，並調度自身的內在經驗；再透過「文本閱讀」與「問題思考」來

回憶（Recall）

　　心理學家傑佛瑞曾在《科學》雜誌上發表研究，結果呈現相較於使用反複閱讀法、心智圖法（Maps），只是單純地闔上書本，重新回憶內容，能更高效地幫助我們學習。

　　《學習如何學習》的作者芭芭克·奧克利說明，對於文字反複的閱讀，有時候會產生能力錯覺（Illusion of ability），誤以為我們已經掌握了知識。反而當我們不是依憑文字複讀，只是憑著回憶去調度知識時，大腦會重新運思知識的形成，更好地鏈接相關的神經元。

了解作者的思路，藉以催生自身思路的開展，然後用「回顧起錨」來檢視歷程；最後透過「行動指南」轉換成下一步行動，並且提供「延伸閱讀」來補足相應的知能節點。

倘若行有餘力，不妨再回頭去爬梳每一章，重新思考：設計者為什麼要這樣設題？換作是自己，又會怎麼設計題目？⋯⋯。那麼對你而言，這本書提供的就不僅僅是談思考的篇章，還帶你看到設題者如何思考這些篇章，也帶領你看見自己如何思考這些思考，當我們對此有所覺察，改變就會開始發生，接下來，只要刻意練習，久了，就會內化成自己的思考迴路，成功地進化自己大腦的思維，學習的智趣於焉而生。

回到一開始的情境，倘若你是教師，當學生問你「人為什麼需要思考？」你會怎麼回答呢？這個問題，就交給大家思考了。

 問題思考

1.閱讀全文，關於「思維」的敘述，下列何者正確？
　(A)為了強化思考的深度，我們應該反複閱讀同一篇文本。
　(B)為了更有機會自我進化，自我提問時要有明確的解答。
　(C)思維會影響行為進而改變生活，因此單一思維才不會讓生活太複雜。
　(D)「元認知」是一種基於「思考如何思考」的思維，可以透過自我提問來發展。

2.想一想，為什麼作者說生活是「思考迴路在日常的具體呈現」？請簡述你的看法。

3.作者提及「不斷提問能夠幫助我們更好地開展自己的思考理路」，你認同這樣的看法嗎？為什麼？請闡述你的觀點。

4.下表為常見的學習思維，請回顧自身學習歷程，判斷自己慣用的思路為何，並舉例說明。

學習思維舉隅	(A)刻意練習：有意識地透過條件步驟讓自己多次練習尚未精熟的技術與知識。
	(B)情感歸屬：無論將要學習的事物是什麼，需要先能感受到自己是被看重的。
	(C)類比推敲：找到兩件事物間的共同原理，應用原理產生解決新問題的策略。
	(D)想像練習：能運用象徵能力，從一個想法轉換到另一個想法，進而理解意義。
	(E)操作學習：習得概念是運用肢體動作或其他感官的知覺動作智能來學習操作。
	(F)聆聽分享：概念的習得乃是透過傾聽、提問、回饋分享而在互動間構成理解。
自身慣用思路	我慣用的學習思維是____， 舉例來說，

回顧起錨

回顧全書，哪一章令你印象最深刻？為什麼？你覺得這十二章編排的脈絡是什麼？你會如何讓書中所提及的思考方式，更好地應用到生活中？

自由書寫

行動指南

1. 針對目前的慣用的學習思維，進行至少三個自我提問。
2. 列出其優點與缺點，決定想保有或刪去的部分，建立自己新的學習思維。
3. 請尋找一本書，或是參與一門課程，練習用新的思維來學習。
4. 學習後，至少以三個提問進行對內容的回憶。
5. 再次思考自己如何思考，更好地調整下一步。

延伸閱讀

書籍

《學習如何學習》

芭芭拉‧奧克利

內容載記了全球最大線上平台Coursera最受歡迎的課程「Learning How to Learn」，以淺近的語言、生動的比喻說明大腦的學習運作機制，並提供具體可行的學習方法及逐回的評量，為所有渴望學習的人提供了加速學習的良方。

《刻意練習》

安德斯‧艾瑞克森

作者安德斯‧艾瑞克森為佛羅里達州立大學心理學教授，被譽為「研究世界專家的世界專家」，在本書裡提及「一萬小時法則」是為人所誤用，在本書中重新介紹了「刻意練習」的步驟。

翻滾海貍「復盤卡」

課堂輔具

「復盤」為圍棋術語，原指重演棋局的步數，藉著回顧歷程更好地去修磨自身的棋技，後廣泛運用在思維教育中，用以提供思考的方向，讓學習者釐清現況、回顧過往，並提出下一步行動。此套復盤卡提供一系列復盤方法，供學習者紀錄自身的學習歷程。

自由書寫

自由書寫

附錄

思考的形狀

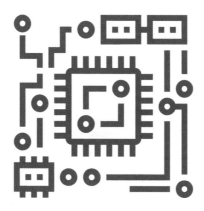

第一章　一種改變心態的角度

自我定錨

1. B、E、C、D

2. D、E→從能著手的開始入手

3. B→因為已經發生了，無法改變、容易陷入受害者心態

4. 告訴自己要冷靜、思考要用哪些工具／資源協助自己解決問題、要找誰幫忙？、可以從哪裡開始下手？

5. 會。像是多學一些才藝、參加工作坊來促進思考、增強能力。
   會。多找幾個人，拓展人脈，找到適合協助自己解決問題的人。
   不一定。有的時候想能做什麼來改變，但也有的時候會選擇放棄溝通而逃跑。
   會。試著多思考幾個方案，看看哪個最可行。
   會。會根據需要的資源或支援，明確搜尋方向，找出人力來源。

問題思考

1. C

2. 1.習於從眾。
   2.社會價值鼓勵專注學習。
   3.既有的經驗限制了思考的範圍與方向。
   4.會受到情緒影響，基於恐懼、不確定性而選擇原有的模式。
   5.對於自己已有的選項，有過度的優越感，而失去了別種可能性。

3. 1.若非刻意覺察，很容易陷在「自以為是」的狀態裡，而不知道要改變。
   2.因為人會選擇保留、依賴某些可行的路徑，而未能走到新的方案選擇裡。

4. 1.對既有的選擇保持懷疑的態度，對於新的可能性同時保持謙卑。
   2.問自己「我能做什麼」來取代「我應該做什麼」、「我願意做什麼」。
   3.讓自己進入「發散模式」中，在休閒、放鬆、玩耍時思考問題來增加選項。
   4.面對問題的時候，能盡可能不預設立場，而能就客觀情境，思考一個以上的可行性。

回顧起錨

第一個念頭：這世界果然充滿惡意。
思維定勢：滑坡謬誤。沒有助益。
改善的方法：將否定詞修掉、盡量提有前瞻性的問題。
1.好難喔！不想做……
2.思維定勢：預設張力跟難點。
3.改善方法：找到有趣的點嘗試看看。

第二章　一種遊戲人生的積極角度

自我定錨

1.仙劍奇俠傳dos95版
2.人物設定、故事情節
3.結局
4.完全投入其中！隨著故事進展，感覺自己就是當中的所有的人物，同哭同笑。
5.有！我發覺自己容易受到身邊人事的影響，也因此常常把他人的事情當成自己的優先級，希望陪伴他一起面對、解決。

- -

1.遊戲this war of mine
2.他基於真實的背景設計，但有多元的攻略方法、人物設定，故事情節為了符合歷史，部分章節不能開展。
3.我是聖母流玩家，不允許任何人犧牲，會在遊戲裡投注太多情感，居民在遊戲中都過著飯店般的生活。
4.我會去經營一個社群，不放棄每個人，不斷進化，讓每個人都有各自的旅程。

問題思考

1. 1.有限遊戲是有一定規則，要有勝負輸贏的；無限遊戲是跳脫規則的，以延續遊戲為目的的。
   2.有限遊戲是服膺他人標準；無限遊戲是創造自己的標準

2.

視角＼議題	有限遊戲	無限遊戲
國際關係	觀點：國家和國家之間的互動是為了查探彼此勢力的此消彼長、設法為自己的國家謀求更多利益。 行為：發動戰爭 目的：分出勝負	觀點：國家和國家之間的互動是為了更好的保障國家的延續、人民的生活。 行為：貿易開放 目的：延續雙方國家
文化資產	觀點：任何名作都是美的至高標準，值得崇拜不能逾越。 行為：收藏、炒作價格 目的：表達對勝利者的推崇	觀點：文化資產的存在，是為了促成整個社會更追求美。 行為：作品開源、繼承突破 目的：促成更多作品的開創

3.

玩家類型	代表人物及原因
有限遊戲	希特勒、凱撒：要以唯一的種族征服天下 秦始皇：制定各種制度，限制思想 郭台銘、馬雲：得到社會首富的地位
無限遊戲	唐鳳：他曾說「我想做的，都是無法完成的事。」 蘇東坡：在每個貶謫地都能用滿懷熱情的眼光過生活，並且不將自己侷限在任何一個單向度的技能或身分裡。 賈伯斯：將科技創新結合人文與科學；專注於創造偉大的產品，不以利潤為最大考量。 老莊：順應自然，隨物化形無限：勇於打破世俗價值框架。

4.
1. 沒有跟著大家的規則走，會顯得自己很異類。
2. 一開始所有事情都是無限遊戲，但某一些人的模式被尊為標準，大家開始依附並將它變成唯一標準，就成了有限遊戲。
3. 因為有限遊戲的成就、獎項、頭銜帶有儀式感，天然地吸引人追求。
4. 因為社會認可的方式就是有限遊戲的成績，所以我不得不追求。
5. 有限遊戲的追求，可以解鎖更多無限遊戲。
6. 某些經驗累積加上社會共識，變成有限遊戲的規則。比方本來「想被愛」是無限遊戲，但經過多次失戀會漸漸形成擇偶清單，清單上的條件有些是大家共有的，就變成社會共識，久而久之，就算哪一次真的遇到感覺對的人，萬一對方沒有符合清單上的要求，反而會有些遲疑退縮，變成有限遊戲的規則審視了。
7. 相較於無常的人生，有了限制、準則與掌握度高，有時會帶來存在的安全感。

回顧起錨

一、
課題：評量
觀點：評量是為了下次更好的評量，也就是為了個體的成長，而不是得到一個漂亮的分數。
行為：將評量當作挑戰，會去細看評量結果，檢視出問題繼續進化，而不是爭取分數後就將內容擱置不進化了。
目的：評量是用來成長進化而不是檢核能力。

二、
課題：跟他人比較
觀點：比較是用來認識自己邊界的方式。
行為：比較時，多去正向地去看待別人的優點。
目的：向別人學習而非貶低自己。

三、
課題：考教甄
觀點：我覺得自己面對教甄考試的時候，無論客觀結果成敗，是把它當成是一次次的養分、一次次的學習。
行為：在考場看到喜歡的題目會亢奮、會心生感動，盡力地嘗試完成它，把想說的話盡可能表達給評審知道；如果是我不擅長的題目，我也會盡力寫過、事後再次補強，而且覺得多瞭解一個題答好值得。
目的：在考上正式教師之前，我期望自己已然成為一個在乎真實世界、師生互動、不斷進化的教師。

四、
課題：學習
觀點：學習是為了成為更好的自己。
行為：保持多元學習，不停留在舒適圈。刻意學自己不會的。
目的：學習不為考到證照，或獲得成績，是為了能讓自己的困惑更清楚。

五、
課題：課程設計
觀點：課程設計是為了整合教學者的教學編組能力。
行為：將課程設計當作探索，在探索的過程中，發現自己的強項與弱項。
目的：了解自己在有限的學習教材裡，可以發展無限的思考模式。

第三章　一種正確評估自己的思考

自我定錨

1. 剛開始很開心，但下一秒會覺得自己好像沒有他說的那麼厲害。

2. 會直接說自己沒有這麼厲害。

3. 會變得戰戰兢兢，為了避免自己不符合他人期待，所以花更多時間去做。

問題思考

1. ■容易自我懷疑　　■擔心名不符實
   ■慣於追求完美　　■過度恐懼失敗　　■高能力低自信

2. 「達克效應」在說明「自我評價」和「能力」的關係，會隨時間和經驗的累積產生變化，逐漸達到一個對自我能力的客觀評價。而「冒牌者症候群」則是無論能力如何提升，始終對自己有著過低的自我評價。

3. （A）追求滿分的完美主義者　　（B）追求一舉成功的才智天才型
   （C）追求獨立完成的個人主義者　（D）追求全知的學者專家型
   （E）追求全能的超人型

類別	對能力、成功的定義	面臨的困境
A	過程與結果都要十分完美	世界上很難有真正的完美
C	能獨立作業	很多事情需要眾人協助
B	能輕鬆且快速完成事情	多數能力需要時間和努力來培養
E	能扮演好所有角色	承擔了不切實際的工作量
D	能回應專業上的所有問題	知識永遠學不完

4. 1.追求全能的超人型：想要得到「最棒」的肯定，所以會做超出分際的事情。
   2.追求一舉成功的才智天才型：拿到任務的當下就想要把它完成，希望能第一時間把它交出去。
   3.追求全知的學者專家型：覺得當什麼角色就要能回答那個角色的所有答案，比如：當國文老師會覺得自己完全不能寫錯字，或者要非常熟悉文學史。
   4.追求滿分的完美主義者：他人或自己交付的任務，都想要做到超越所有人期待。
   5.追求獨立完成的個人主義者：喜歡自己作業，只要別人幫忙就會覺得自己能力不好。

5.
> 1.追求完美。
> 2.對自己有嚴格的期待。
> 3.能力都不錯,卻對自己過度低看。

6.

應對方案	對「冒牌者症候群」的幫助
寫下成就與長處	藉由過往的經驗和他人的評價,協助「冒牌者」看見自己的長處,逐漸自我肯定。
自我關懷	「冒牌者」常對自我過度嚴苛,使用關懷性的自我對話,能給予更正面的能量激勵。
重新思考「人」的意義	重新尋找人生的意義,避免陷入逃避或自我厭惡的惡性循環中。

第四章　一種認識自己的工具

問題思考

1.
> 1.B　　2.A　　3.A　　4.B

2.
> ■認同
> 從認知扭曲層面來看:
> 透過對比而產生認知錯誤,覺察自己的生活慣性易受控於他人的行銷操作或個人錯位感受,進而做出預期外的決定,產生懊悔情緒。藉此,有意識地檢視個人選擇,可以降低被認知謬誤牽制的機會。另外,也能看清自己真正的想要。
> 從認知提升層面來看:
> 透過多選項的對比以及適當對象的選擇,能逐步發現自己的短期目標,甚或有意識地計畫長期目標。
>
> -
>
> ■不認同
> 從認知扭曲層面來看:
> 透過對比而產生認知錯誤,即使有所覺察,有可能會被迫於他人或環境壓力,而讓自己不得不持續做出錯誤的決定,徒增選擇懊恨。另外,若一直生活在對比他人的情境裡,對於比較玻璃心的個人,無非是壓倒生活學習的最後一根稻草。
> 從認知提升層面來看:
> 透過多選項的對比以及適當對象的選擇,來認識自己,能否提升是一回事,萬一沒有提升,將會浪費更多時間停滯在原點,躊躇不前,壓力更大。尤其對於有選擇障礙的個人來說更是如此。

3.

Facts	與他人的學習成就比較
Feeling	持續努力盡力學習
Finding	過往的學習經驗，自覺不如他人，因此更加謹慎督促自我。
Future	學習初期，嚴重扭曲自我認知，有自卑性學習傾向，易有想放棄的念頭，較不主動積極。 學習後期，發現適合自己的對比學習，有效提升學習能量。選擇性的參考點學習，更能符合設定的學習目標。

4.

生活情境	身為3C吃貨，貨比三家不吃虧
執行方式	網絡搜資：貨性相較＋商家品管＋買家評比＋物流合作…… 人物熱搜：詢問熟識的3C素人或是大眾公認的3C達人
預期結果	買到心中最適合自己的3C產品 獲得更多的3C知識

第五章　一種認知世界的感知

自我定錨

1. 像柴犬、有煙霧、一個跪著的人。

2. 用身體感受事物的變化、用腦袋去思考覺知、用眼睛觀察事物的樣貌、用心思覺察事物的發展。

3. 1.眼腦並用，反覆驗證所見所知
   2.常用眼睛觀察、耳朵細聽，並加上觸覺確認。
   3.使用視覺看顏色和形狀，觀察事物的模樣，進而推測猜想。
   4.聽覺先於視覺，再透過視覺達成初步認知事物，透過持續好奇探究，有更進一步的發現。

4. 1.沒辦法，有時候可能會因為刻版印象而誤判。
   2.不一定，囿於個人生活邊界和主觀感受的影響。
   3.不一定，但可以盡可能地接近真實世界的真實樣貌。

5. 1.有時吃著覺得十分天然新鮮，仔細看成分發現是化工製作。
   2.有時候我以為對方對我很照顧就是喜歡我，但其實只是錯覺。
   3.感知到的人際氛圍會參雜自己的主觀判斷，他人在眼前的笑臉以為和樂融融，後來經由第三者轉述，才發現背後的事實完全相反。
   4.例如「照片」是「照騙」，或是線上直播可能經過特效app美化，導致直播主的形象與真實落差很大，這種用氛圍渲染影響真實的感受，或是利用錯覺來造成的效果，與現實不同。

問題思考

1.

面向	內容
外部觀察	透過視覺、聽覺、嗅覺、味覺、觸覺等五感所得的形象內容。
內部覺知	1.過往歷史經驗與習得知識所構建的認知。 2.對於眼前形象所產生的想像內容。

2.

◆情意感知：
1.第六感(直覺力)，能感知對方的情緒跟猜中他遇到什麼事！
2.能感知到他人的內外不一致，對語言背後的人性進行洞察。
3.敏銳的感受他人的情緒與想法，能感覺到細微情緒的變化。
4.可以感受到他人的情緒，藉此判斷他的行為與話語是否表達真實的感受與想法。

◆專業能力：
1.特別的生活能力，能以視覺評估，就精準地買到準確尺寸的衣服。
2.擅長結構性，可以更快地提取文章、事物的底層邏輯、上層概念，能很快抓取關鍵詞。

3.

專業領域： 語文領域	
方法	學習內容
縱深學習	實虛用詞、文學脈絡、解構文本能力……
橫廣連結	西方歷史、藝術史、大腦科學……
縱橫洞察	感受文本情境所營造之情，脈絡所建構之理，體察作者亦未察之意。

專業領域： 烹飪領域	
方法	學習內容
縱深學習	中西正餐、甜點料理……
橫廣連結	擺盤藝術、生活美學……
縱橫洞察	餐桌人際、飲食文化……

專業領域： 藝術領域（繪畫）	
方法	學習內容
縱深學習	1.藝術史、藝術理論 2.各種繪畫筆法、不同媒材運用
橫廣連結	雕刻、攝影、旅行考察
縱橫洞察	留心觀察，發現平凡事的不凡處

4.

	「解決生活困境」的感知能力強化設計		
情境描述	情境描述		
選擇面向	■縱深學習	□橫向連結	□縱橫洞察
強化設計	學習原理： 人的睡意來自松果腺產生的褪黑素，褪黑素的分泌受到外部光線所影響。當褪黑素達到一定的濃度又會有反饋機制使它停止分泌，生物的作息循環在其中自然的達成。 生活運用： 盡早讓自己處於關燈的狀態，生理激素會自然地做出反應，當褪黑素濃度足夠，也能控制自己能早點進入睡眠狀態。		

第六章　一種定義愛的方式

自我定錨

◎擬答一
　　1.有。
　　2.對方願意陪我做很多事情時。
　　3.溫暖。
　　4.愛很簡單，就是陪伴在你在意的人身邊。
◎擬答二
　　1.有。
　　2.在生病不想動的時候，對方為我做了許多貼心的舉動。
　　3.感動。
　　4.愛就是在對方需要的時候給予支持。
◎擬答三
　　1.有。
　　2.照顧對方，幫對方送餐的時候。
　　3.堅定。
　　4.愛是一種付出。
◎擬答四
　　1.有。
　　2.當我挫折沮喪的時候，對方關心鼓勵並信任我。
　　3.因為被支持覺得感動想哭。
　　4.愛就是願意成為彼此的支柱。
◎擬答五
　　1.有。
　　2.我一哭，對方就立刻來到我身邊抱住我。
　　3.窩心、體貼。
　　4.愛就是在自己情緒脆弱的時候給予最無私的陪伴。

問題思考

1.
   - ■ 當你和此人共同擁有某種正向情緒。
   - ■ 當你和此人出現同步生物化學反應。
   - ■ 當你們之間彼此關注並且在意對方。
   - ■ 當兩個人之間產生正向共鳴的情緒。

2.
   - ■ 父母抱著孩子睡覺。

3.
   1. 認同，我爸爸每次都會說他很愛我們三個小孩，但我們卻無法感受到他對我們的愛，因為他從我們小時候起，花在工作上的時間比花在我們身上的時間還要多，現在即便退休了，也不願意花時間陪伴我們，正如同文本中所說「沒有情感上產生共鳴的機會」因此我並不覺得這是身體所感受到的唯一重要的愛，只是大腦定義的。
   2. 不認同，當心中認定有愛，似乎對許多行為就能自圓其說。有的人可以終身活在自己被愛的夢境中。
   3. 不認同，從某種角度來說，愛是一種決定。
   4. 認同，每次和兒子抱抱的時候，就真切地感覺到「這是我兒子。」
   5. 認同，我喜歡藉由身體的接觸感受到最直接的愛。
   6. 不認同，因為愛有很多傳遞方式，身體接觸只是其中一種。
   7. 不認同，身體感受到的愛應該不是唯一的愛，還有心靈上的感知。

4.
   1. 每天回想三個社會連結：藉此感到如何與他人同步。
   2. 慈愛冥想：把人從過度的自我關注抽離出來，讓人重拾溫情，把注意力適當地用來關注他人。
   上述兩種「練習愛」的方法，最重要的都是要拉近自己與他人的連結，進而產生愛的正向共鳴。

5.
   (1)每天回想三個社會連結
   1. 與他人溝通時，先理解對方的立場，在分析彼此的立場，接著再進行溝通。
   2. 理解對方的需求，並盡可能地給予幫助。
   3. 聽懂對方給予自己的建議，並加以修正自己的行為模式。

6.
   對於此理論我感到十分新奇，因為平時並不覺得能與陌生人之間產生愛的正向情緒，但是，經此一說便回想過往經驗，想起過去幫助別人時得到別人一聲簡單的道謝，那種心裡暖暖的感覺，原來也是一種愛的正向情緒。

第七章　一種改變心態的角度

自我定錨

情況	生活實例	當時的感受	你的反應
A	假裝沒看到 自己肚子上的肥肉	糾結煩悶， 想運動又懶得動	喝杯飲料壓壓驚
B	功課很多不想寫	壓力好大，不想面對	熬到最後一刻再做
C	隔天要報告 但遲遲沒準備	覺得很煩 也害怕結果不好	默默去做其他事情 再回來面對

問題思考

1.
大眾觀點	不應有鴕鳥心態，應接受真相，積極面對。
作者觀點	鴕鳥心態只要正確使用，就是健康的心態。

2. 生死攸關

3. 1.不願意想像自己面臨生死攸關之事
   2.感覺挫敗（逃避挫敗感）（不願面對證明自己失敗的資訊）
   3.證明自己錯誤的資訊

4. 自認特別聰明的人，偏誤會變得更加嚴重，是因為這些人更有能力去扭曲資訊以佐證自己的觀點。
   因為聰明的人通常已有既定的觀點，所以不願意改變

5. ■　堅守自己的宗教信仰，並到處說「你現在沒辦法接受這個信仰，是因為還沒有感悟到祂給你的愛。」
   ■　政治立場相對的人，彼此叫囂，甚至為了捍衛自身觀點大打出手。
   ■　只關注與自己觀點相同的社群網站，並且轉發相關訊息。

6. 1.不要揭開真相，不要攻擊他人的確認偏誤，使主題失焦。
   2.繞開確認偏誤，說明真正的目的，表達內在真實的需求。
   3.強調某些觀念的好處，而不是強調對方的錯誤。

7. 1.媽媽：「那我們一起來看看你的作業，先找簡單的地方開始著手，我們一起嘗試完成這份作業。」
   2.先生說：「寶貝！今天天氣很好，我想跟你去河堤散散步！」
   3.小孩看見立馬回應：「剛汆燙好的蔬菜很鮮甜，多吃一點配稀飯！」

8. 真相就是人們固有的觀念，或已經形成的確認偏誤，或是認定的事實。

第八章　一種「慢慢來，比較快」的行事策略

問題思考

1.
> 1.慢思考
> 2.慢博弈
> 3.慢變量

2.

選項內容	你的判斷
消防員能在救災現場循跡找到受困民眾，並於事後判斷出建築物的起火點	S
一般大眾遇到火災會緊急用毛巾搗住口鼻、躲在浴室、往高處逃生	F
看到討厭的同事，不管是否被看到或對到眼，立刻轉頭就走	F
看到討厭的同事，本想轉身離開，但想到還要一起合作企劃案，只好上前寒暄	S
停 考駕駛的新手於正式路考時看到此標誌會思索要怎麼做才能停下來且停在正確的地方	S
停 二十年駕駛經驗的計程車司機載客時看到此標誌會熟練地停下來	F

3.

項目	快思考	慢思考
思考的特性	快速的、自動化的、難以意識到的直覺性思考	緩慢的、手動的、有意識的刻意思考
思考的準度	降低思考的準確度	提升思考的準確度
思考的影響	錯誤的、偏見的、非理性的決策	更理性、更快速的達到目標

4.

成功	1.可以直接學習和模仿其成功模式 2.不需要面對不確定性以及付出巨大的成本
失敗	學習經驗、避開先發者犯下的錯誤

5.
> 前任縣長沒有建設，新任縣長就積極作為，避免被人詬病。
> 各地的花博或燈會在前人的基礎上不斷改良，越做越成功。

6.

項目	快變量	慢變量
時間持續性	一時	長期
覺察程度	顯而易見	難以察覺的
影響程度	小	大

7.

例子	快變量	慢變量
教師的教學	學校緊急臨時的行政工作、大考中心的考題趨勢、學生的素質	教師的自我精進、學生的多元潛力、整個社會對教育思維的認知

第九章　一種時間管理的觀點

問題思考

1.

資源多寡	過度充裕	有所限制	過度缺乏
產生結果	過度浪費 削弱意志	合理使用 比較珍惜	失去信心 自我放棄

2.

情況	□時間有所限制時，可能會促使我們完成一項任務 ■沒有時間限制時，可能導致一項任務遲遲無法完成
個人經驗	1.我會把要做的事無限期擱置，最後可能會導致自己都忘記這件事了。 2.我買的書就會一直堆那裡沒有看。 3.一直單身的話，減肥就會無限期擱置；當要考慮結婚時，就會積極的想要減肥。

情況	■時間有所限制時，可能會促使我們完成一項任務 □沒有時間限制時，可能導致一項任務遲遲無法完成
個人經驗	1.會促使我完成一項任務。 2.例如國中在課堂寫作文，時間剩下10分鐘，我就會開始神速飆作文，在下課鐘響起時，準時完成。 3.因為後續有其他源源不絕的事情，時間限制會硬逼自己做完，解決一事有解決一事的爽感。 4.就會想要優先完成這件事，將它排到行事曆中。

3.

組別	每日計畫組	每月計畫組	無計畫組
計畫的時間單位	每日	每月	沒有
計畫嚴格度	■嚴格	■中等	■寬鬆
每周平均讀書時間	15 小時	25 小時	15 小時
一年後的成績表現	退步	大有進步	沒有進步
結論	從實驗可以得知，當計畫越嚴格時， □會■不一定會　有越好的成果。		

4.

讀書時間變化	初期每週 20 小時→後期每週 8 小時
原因	1.日常中突如其來的事件攪亂了計劃。 2.產生某種錯誤歸因，動力就會每況愈下、喪失鬥志，變得心灰意冷。
你是否認同這種觀點	■認同□不認同 因為一旦事情偏離自己原本的規劃，就會覺得完蛋了，不想做了。

5.
1.打電動1小時
2.睡午覺30分鐘
3.看閒書半小時
4.追劇1小時
5.約會5小時
6.睡覺5小時
7.爬山5小時
8.運動1小時
9.和喜歡的人5小時都在一起，一起吃飯、一起看漫畫、一起散步
10.看小說1小時、發呆0.5小時、看影片1小時、吃美食2.5小時
11.睡覺1小時、看書2小時、打電動0.5小時、耍廢1.5小時
12.拼圖1小時
13.5個小時，可以全部拿來做點心

6.
1.休息是為了走更長遠的路。
2.因為上述事情會令我心情愉快啊。
3.運動，想讓自己變更好。
4.我覺得情感的交流是心靈必要的糧食。
5.睡覺可以忘記煩惱，有時候睡醒會想到問題的解決方法。
6.專注做喜歡做的事情，身心才會完整。

第十章　一套「培養習慣」的思想與方法

自我定錨

1.晚睡
2.大學時代，因為上網聊天而養成的
3.宣告天下，並和朋友打賭，增加自己的動力
4.有，想早點睡，但總是為自己找藉口，最終還是太晚睡
5.有，滑手機，沒事做的時候就想要拿手機起來滑

- -

1.記帳
2.2012年，因為習慣一年一本線上記事本
3.找喜歡的工具，或問有這個習慣的朋友是怎麼做的
4.有，運動，太困難或太痛苦
5.有，賴床，躺著太舒服了

問題思考

1. ■渴望　■獎勵　■反應　■提示

2. A生答案：我覺得不能調整。因為形成習慣必須循序漸進，從確認自己的意願和渴望實際執行、克服在過程中會產生的惰性，並鼓勵自己持續下去，這些都是有順序的，需要一步一步慢慢建立習慣。
   B生答案：我認為四個步驟的次序不能調整，形成習慣要先有想法，有想法連結著渴望目標，想要達成目標便有具體行動，行動後更要給予自己獎勵，形成好的循環，才能建立習慣。
   C生答案：我覺得要先有「渴望」，如果沒有連結自己喜好，習慣實在建立不了。之後獲得「獎勵」，有糖吃下次就會再做。於是下次看到糖就會形成「提示」，進而建立「反應」了。

3. 1.提示：如果想睡覺的時候看到放在床邊的這本書，就要拿起來閱讀10分鐘。（執行意圖）
   2.渴望：想到看書，就會想到舒舒服服地躺在床上享受個人時光的畫面。（換框思考）
   3.反應：每天只有10分鐘，就是這麼容易！
   4.獎賞：每天讀書10分鐘，希望可以讓我閱讀的速度變快，目標在這個月內看完這本書！

4.
> 1. 有，想要「不喝含糖飲料」。同儕壓力啊！如果大家一起訂飲料的時候，你不參與訂購，整個氣氛就被你破壞掉啦！再者，同事給你甜點，你拒絕了，顯得你很不識相耶。人在江湖，還是合群點好，一起加訂的結果，就是連自己生活都不知不覺少不了要喝含糖飲料了。
> 2. 想要戒掉滑手機的壞習慣，戒除不掉的原因，是因為LINE、臉書、IG等等的通知，看到小紅點，就忍不住想點進去，消除它！困難的部分是，自己也會一直想要找朋友聊天……還有就是，消除小紅點，變成一種成就達成！（負面的獎勵）

5.

困難	解決訣竅	具體辦法
喝含糖飲料	■執行意圖	1. 如果遇到同事要訂飲料，就馬上跟對方說我也要訂，但是訂無糖飲料喔。 2. 如果對方遞含糖飲料送我，就先放著，再找理由送給表現良好的學生。
戒除滑手機	■喜好綁定	如果想消除紅點點通知，就先去寫考卷，達成題數目標，才可以滑多少時間的手機。

回顧起錨

> 我會回顧習慣形成的四個步驟，並找到適用目前狀況的小訣竅，確實地去執行它。

第十一章　一種巧妙克服拖延的應對

自我定錨

> 1. 我自己有
> 2. 有時是覺得事情要做到達到心中的標準，有時是對事情的抗拒，有時是覺得難度很高想逃避。
> 3. 自己拖延的痛苦經驗：一直逃避不面對的結果，就是最後時限到了，要面對更尷尬的場面，大學曾經逃避過（教育哲學的）報告，結果草草完成，報告當天渾身發抖，腦袋一片空白，痛苦到覺得再也不想面對這種窘境。
> 4. 列點寫下計畫，安排日期，排定要完成的優先順序。
> 5. 有的。比如面對難度很高的事情時，會列出要完成的內容，評估自己可以理解的與完成的，以及要主動向人詢問的。然後一邊做一邊問，每天就能推進進度。

1.有，很多！
2.心情比較低落的時候會覺得沒有動力、不想做事情。
3.當然有＞每次無法如期交出報告＞我都想挖洞埋了自己。
4.我會先把事情做完＞之後再完全放鬆來獎勵自己
5.目標完成一份大報告後＞安排一次兩天一夜的小旅行＞果然激勵自己快
　馬加鞭完成。

問題思考

1. ■及時享樂　　■壓力　　■抵抗不住誘惑　　■完美主義　　■逃避

2. 1.不容易，人總是容易放過自己。
   2.不容易，因為處理事情容易，處理心情與思維導向有點難。
   3.不容易，因為喜歡先享樂。
   4.不容易，因為面對壓力就會想要逃避。

3.

	A	B
目標	提高行動力	擁抱拖延
方法	（1）拆解任務 （2）建立深度工作的時間 （3）將行動培養成習慣	結構化拖延

4. 前者可以找到自己專注思考與發散思考的節奏，便能掌握自己專注的時
   間長短，而規劃出深度工作的時間；後者可以利用拖延的心理，讓自己
   更有效地完成待辦。

5.

拖延經驗	批閱學生週記的時間拖延許久 （習慣全班改完，再一起發下去）
拖延原因	想給每一位學生詳細的回覆，結果拖了好幾個禮拜還沒改完
解決策略	(1)切分小任務 (2)集中時間
具體辦法	找一個不會被干擾的地方，逼自己在放學前改完一半，隔天 再改完另一半。

回顧起錨

人通常會因想把事做得很好而反給自己太大壓力而拖延，可協助他人列出
工作優先順序，同時將任務拆解成一個個可完成的小任務，並建立深度工
作的專注時間，結合自己喜歡的事情，將行動培養成習慣。

第十二章　一種有效學習的關鍵

自我定錨

> 1.規劃行程、人際互動、考試當下
> 2.滑手機、追劇
> 3.有。
> 4.手要寫、嘴巴要念，學習效果才會好；先大致瀏覽一下，把無法馬上理解的部分圈出，之後再決定是否要花時間去了解它。
> 5.先讓自己對將要學習的事物有概括性的理解，帶著要解決問題的心態去思考。

問題思考

1. > D

2. > 一個人會如何生活，跟他如何想像這個生活有關，把想像化為行動，就是思考迴路的具體呈現。

3. > ‧認同。因為提問能刺激思考，幫助整理思緒，甚至為了得到答案而產生進一步的學習，因此得以建構更完整的思考理路。
   > ‧部分認同。同意很多時候帶著問題意識學習能幫助聚焦，但也覺得若是問題太多，可能會過於專注自己的提問，忽略其他的訊息。

4. > 自身慣用思路：
   > 我慣用的學習思維是 F，舉例來說，對於未曾做過的事，會和信任的對象討論想法，期待搜集到意見讓自己採取的行為達到更理想的成效。

回顧起錨

> 令我印象最深刻的一章是「一種改變心態的角度──好駝鳥，壞駝鳥」。過往對於思考總認為要克服、壓抑、改變，然而了解自己的設計條件，在現有條件適當疊加、轉化，能讓自己更自在地成為更好的狀態，想對了，生活有時就簡單很多。
>
> --
>
> 十二章的編排脈絡，我認為是「打開思考的邊界」、「學習思考的方式」、「開放思考的心態」、「採取思考的行動」。
>
> --
>
> 未來希望能不疾不徐地根據自己的課題和現狀，擇取想要先學習的思考面向，仔細閱讀，嘗試實踐書內推薦的下一步行動，反思在自我身上的適切性，最後修正成自己合適的樣貌。

狸想教育創新學院
2020 秋季

思考如何思考

所屬社群　魚沫文思創建所・提問設計讀書會

文章作者　01-11 楊大輝、
　　　　　12 楊子漠、張翼鵬
編　　者　王于瑄、由路、林慧慈、花狸、柚子、張翼鵬、
　　　　　陳美淋、陳慧玟、啾啾、楊子漠、詹筌亦
總 編 輯　張翼鵬
校　　對　楊子漠
題目設計　01、12 楊子漠，02 張翼鵬，03 陳美淋，04 柚子，
　　　　　05 由路，06 王于瑄，07、08 啾啾、林慧慈，
　　　　　09 詹筌亦，10 花狸，11 陳慧玟
美術設計　劉珊帆

發 行 人　楊子漠
出　　版　翻滾海狸工作室
　　　　　115 台北市南港區興中路28巷10號24樓
　　　　　0972-878955
網　　址　www.beaversophy.com

法律顧問　司馬仲達國際法律事務所
出版日期　2020年09月　初版
　　　　　2020年12月　二刷
　　　　　2022年06月　三刷
ＩＳＢＮ　978-986-99514-0-1

定　　價　NT$499